THÉATRE
DE SALON

PARIS. IMPRIMERIE DE PILLET FILS AÎNÉ, 5, RUE DES GRANDS-AUGUSTINS.

THÉATRE
DE SALON

PAR

MÉRY

Après deux ans. — La Coquette.
Aimons notre prochain. — Le Chateau en Espagne.
Être présenté. — La Grotte d'azur.
Une veuve inconsolable. — L'Essai du mariage.

DEUXIÈME ÉDITION

PARIS

MICHEL LÉVY FRÈRES, LIBRAIRES-ÉDITEURS
RUE VIVIENNE, 2 BIS

1862

Tous droits réservés

Ce livre a peut-être une certaine opportunité dans un moment où la comédie de salon prend beaucoup de faveur, à la ville et à la campagne. Plusieurs de ces comédies sont inédites ; mais elles ont déjà été jouées, hors du théâtre, par d'excellents artistes, entre autres par mesdames Plessy et Judith, MM. Bressant et Brindeau, M. et madame Lagrange, pour lesquels ces pièces furent composées, en vue du salon : en les publiant aujourd'hui, on les donne à leur domaine naturel, le répertoire du paravent. Ceux, parmi les comédiens bourgeois, qui recherchent de préférence le style naturel des portiers, ou la langue de l'argot moderne, ou l'esprit de la trivialité bouffonne, sont prévenus qu'ils ne trouveront rien de tout cela dans ce recueil. L'auteur a eu le bonheur de voir le grand monde parisien, et, après avoir longtemps écouté, il a essayé de se souvenir.

Il y a, dans chaque siècle, quelques esprits moroses qui dénigrent le présent et exaltent le passé, méthode qui remonte aux contempteurs dont parle Horace : ainsi, on a bien voulu dire mille fois que la langue de la causerie distinguée et l'esprit aristocratique du salon avaient subi une forte décadence, dans le siècle où nous avons le malheur de vivre. Nous n'avons pas connu les salons de madame Geoffrin et de madame du Deffant, mais nous avons eu l'honneur de fréquenter quinze ans les salons de madame Émile de Girardin et de M. le duc de Choiseul ; là ont passé devant nous, et ont parlé à côté de nous, humble auditeur, tous ceux qui ont été grands par l'esprit et la distinction du langage, et nous osons affirmer que notre siècle n'a rien à envier à ses aînés pour ce genre d'illustration intime. On a peut-être mieux écrit autrefois, mais on n'a jamais mieux parlé qu'aujourd'hui, chez les femmes surtout. Nous sommes en décadence de ce côté, la chose est notoire ; l'Attila de l'argot nous envahit, c'est incontestable ; la trivialité du patois naturel triomphe sur toute la ligne, c'est évident. Le mal a commencé le jour où les hommes ont cessé d'écouter leurs professeurs de salon, les femmes.

APRÈS DEUX ANS

COMEDIE EN UN ACTE, EN PROSE

Représentée à Paris, à la salle Herz.

PERSONNAGES :

La duchesse de VALBREUSE, jeune veuve...... Mme ARNOULD-PLESSY.
Le comte GAËTAN DE MORANGES............ M. BRESSANT.

La scène se passe à la maison de campagne de la duchesse, à Saint-Mandé, en 1858.

APRÈS DEUX ANS

Un salon ouvert sur la campagne.

SCÈNE PREMIÈRE

LA DUCHESSE.

(Elle est assise et paraît absorbée par la douleur. Elle tient une lettre ouverte.)

Il y a une douleur bien cruelle... elle m'était inconnue... la douleur qui ne pleure pas... Je croyais avoir enfin obtenu cette heureuse insensibilité que Dieu accorde comme une consolation à ceux qui ont abusé de la souffrance, et cette lettre m'arrive tout à coup comme une voix de la tombe et me déchire le cœur !... Mais pourquoi n'ai-je plus de larmes en réserve, après deux ans ?... Le tribut des larmes serait-il une dette qui aurait aussi le bénéfice de la prescription ?... Mon Dieu ! je m'effraye de ne pas pleurer !... Relisons cette lettre...

« Madame la duchesse,

» J'arrive à Paris après un très-long voyage, et mon premier devoir est de vous remettre un dépôt précieux qu'une noble main m'a confié devant Sébastopol. J'étais moi-même agonisant et couché dans l'ambulance à côté du jeune colonel duc de Valbreuse, votre héroïque mari, lorsque ces

derniers mots furent prononcés à mon oreille : « Ceci à ma
» femme... » Croiriez-vous, madame, que cette pieuse mission donnée par un mourant fit naître en moi une énergie
salutaire? J'avais un devoir sacré à accomplir. Le médecin
me soigna, Dieu me guérit. Après mon rétablissement, j'eus
le malheur de tomber dans une embuscade en faisant une
ronde de nuit, et je fus conduit prisonnier au fond de la
Russie méridionale, où je trouvai, chez nos ennemis d'alors,
les soins les plus affectueux. Vous apprendrez bientôt de
vive voix par quel singulier hasard je ne suis rentré en
France que longtemps après la paix.

» Je n'ai eu l'honneur de connaître votre mari qu'à son
dernier moment; son glorieux nom ne m'a été révélé que
trois jours après. En arrivant à Paris hier, j'ai couru au ministère; là, j'ai appris que vous aviez quitté votre domicile
de la rue Saint-Dominique pour votre maison de campagne
de Saint-Mandé.

» J'ai l'honneur d'être, madame la duchesse, votre respectueux serviteur,

» Comte GAETAN DE MORANGES. »

Un beau nom !... cité plusieurs fois à l'ordre du jour de
l'armée... Il m'est impossible de recevoir ici M. le comte de
Moranges... je me suis imposée une retraite absolue de trois
ans... il faut toujours tenir la parole qu'on se donne à soi-
même... Ma femme de chambre le recevra... (Elle sonne.) Elle
va prendre mes ordres... cherchons un prétexte... (Elle sonne
et réfléchit.) Quel prétexte?... On me laisse toujours seule dans
les moments où il faut être deux !... Les femmes de chambre
ne servent qu'à ne pas servir !... Ah! mon Dieu! j'entends
le galop d'un cheval !... On s'arrête à la grille du parc !...
Le jardinier ouvre... Maladroit, comme s'il était portier !...
Et dans quel désordre de toilette !... une robe du matin !...

un négligé de bourgeoise!... pas une fleur dans mes cheveux!... la laideur de la tristesse sur le front!... (Elle va sonner une troisième fois et s'arrête.) Il n'est plus temps... Le voici!... Au fait, il est plus poli de le recevoir.

SCÈNE II

LA DUCHESSE, LE COMTE.

LA DUCHESSE.

Monsieur le comte, votre lettre et votre mission m'ont émue jusqu'au fond du cœur. Permettez-moi de vous recevoir comme un ancien ami.

(Elle lui tend la main, s'assoit et désigne un fauteuil au comte.)

LE COMTE.

Une mission bien triste, mais un devoir bien doux, madame la duchesse.

LA DUCHESSE.

On vous a donc retenu dans la Russie méridionale après la paix? Je le comprends très-bien; la même chose est arrivée au duc de Richelieu à Odessa.

LE COMTE.

Non, madame, je suis indigne d'une si belle comparaison. Les Russes ne m'ont pas retenu, au contraire. J'étais toujours souffrant de ma blessure, et j'avais besoin d'un climat très-chaud pour me rétablir tout à fait. Il m'a été permis de me rendre à Téhéran; de là, j'ai gagné le golfe Persique, et enfin, pour me rapprocher davantage du soleil, je me suis embarqué pour le Bengale... Mais, madame, pardonnez-moi ces détails oiseux. (Il tire de sa poche un petit paquet cacheté à la cire rouge.) Je vous rends le dépôt qui m'a été confié.

LA DUCHESSE, émue, en prenant le paquet.

Savez-vous ce qu'il contient?... (Silence.) Je le sais, moi...

tout m'a été envoyé... oui, tout... excepté la chose à laquelle je tenais le plus au monde, car elle était avec lui, elle vivait avec lui, elle s'agitait sous les battements de son cœur; elle recevait tous les jours un sourire de ses yeux, un baiser de ses lèvres, une étreinte de ses mains... C'est le médaillon de mon portrait... mes doigts tremblent en essayant de déchirer cette enveloppe... J'étais si contente le jour où je posai devant le peintre! mon visage rayonnait de joie; j'avais au front l'auréole du bonheur; il était là, devant moi, lui, et son regard allait du portrait au modèle, et du modèle au portrait, et je voyais que la moitié de mon bonheur passait dans son âme sans diminuer le mien. Oh! je n'aurai jamais le courage de rouvrir ce médaillon; il y a trop de divins souvenirs dans cette peinture; tout un passé d'amour qui ne reviendra plus et couvre de deuil mon avenir. On quitte la triste robe du veuvage, mais sa nuance reste au fond du cœur.

LE COMTE. (Il se lève et s'incline respectueusement.)

Madame, je respecte cette douleur comme une chose sainte; ma mission est remplie, permettez-moi de me retirer, et...

LA DUCHESSE, reprenant le ton léger.

Oh! je ne permets pas une si courte visite après un voyage si long. Cela me prouve que nous ne devons jamais attrister personne de notre tristesse. La douleur doit être égoïste... C'est ce portrait qui a réveillé des souvenirs!... Je croyais être seule. (Se levant.) Vous avez votre voyage à me raconter... Permettez-moi de vous quitter un instant... je vais placer ce médaillon dans mon reliquaire de famille, dans l'écrin de mes bijoux de deuil... je veux être seule pour briser cette empreinte de cire... (Elle lit sur l'enveloppe.) *Secrétariat de l'état-major*... C'était son testament, fermé la veille d'une bataille, la veille de la mort. (Elle sort.)

SCÈNE III

LE COMTE, changeant tout à coup de maintien après avoir salué respectueusement la duchesse. (Avec enthousiasme.)

Comme elle ressemble à son portrait!... Seulement, elle est beaucoup plus belle!... beaucoup plus! La main du peintre a tremblé d'amour sur l'ivoire; elle n'a pas rendu pleine justice au modèle : le peintre n'a fait qu'une belle femme; il fallait peindre l'impossible... La beauté!... Maintenant, que vais-je devenir?... Elle aime son mari... c'est évident!... elle l'adore... Après deux ans!... deux ans!... Artémise s'est mariée en secondes noces après dix-huit mois!... Je tombe sur une exception. Aussi pourquoi faut-il que ce pauvre colonel de Valbreuse m'ait remis ce médaillon et son calepin de souvenirs sans la moindre enveloppe, sans le moindre obstacle de cire scellé de ses armes? Ma délicatesse aurait tout respecté, je n'aurais rien ouvert, rien admiré, rien lu... C'est moi qui ai pris la précaution posthume de mettre le dépôt sous pli et de le sceller du sceau du secrétariat de l'état-major... Ah! je dirai comme le poëte de la mer Noire : « Mes yeux ont vu ce qu'ils n'auraient pas dû voir!... » En brûlant de mes regards cette peinture morte, j'avais deviné l'idéal vivant! et, dans ce long voyage de désespoir, entrepris pour oublier un amour impossible, quand je voyais ces pays indiens où les femmes sont parodiées par le soleil, sous toutes les nuances de l'ébène, du cuivre, du jaune, du vert, je pensais à ce pays de France où la beauté, la grâce, l'esprit s'associent pour faire les merveilles de la création, le modèle vivant de ce portrait, mille fois caressé par mes yeux dans les régions de l'équateur... (Prêtant l'oreille.) Oui, j'entends une porte qui se ferme... Elle vient... ne l'effarouchons pas... causons avec calme d'abord... un *andante* en sourdine... Grâce aux chapitres de pensées que j'ai lus dans ce manuscrit du pauvre colonel (il montre un calepin et le serre tout de suite), et qui sont dans ma mémoire, je pourrai peut-être, en faisant un bon choix, lui rappeler son mari... Excellente idée!... ce sera comme un déguisement moral. Le second mari d'Artémise s'était sans doute déguisé en premier... La voici.

SCÈNE IV

LA DUCHESSE, LE COMTE.

LA DUCHESSE.

Monsieur le comte, permettez-moi de vous traiter en voyageur indien; il fait très-chaud; j'ai donné mes ordres à ma femme de chambre; elle vient de servir, là, sur la terrasse, à l'ombre, les rafraîchissements de la saison.

LE COMTE.

Madame la duchesse, cette offre hospitalière me sera douce avant mon départ...

LA DUCHESSE.

Mais vous ne partez pas encore...

LE COMTE.

Tout ce que j'ai eu l'honneur de vous remettre, madame, était bien tout ce que vous attendiez?

LA DUCHESSE.

Oui... seulement, le médaillon paraît avoir bien souffert; il est terni; il a perdu sa fraîcheur.

LE COMTE, avec un léger embarras.

Ah!... il a perdu?... Ce n'est pas étonnant; le climat opère sur l'ivoire... et puis votre portrait allait souvent au feu... Les modèles se conservent beaucoup mieux que les portraits, et...

LA DUCHESSE, interrompant avec vivacité.

Serviez-vous dans la même arme avec mon mari?

LE COMTE.

Non, madame, j'appartiens au génie.

LA DUCHESSE.

Votre arme rend de bien grands services en temps de guerre.

LE COMTE.

Et en temps de paix aussi.

LA DUCHESSE.

Ah! en temps de paix, on assiége des villes aussi? J'ignorais cela.

LE COMTE.

On assiége toujours quelque chose; on rencontre toujours dans le monde quelque Sébastopol de salon. Eh bien, nous appliquons, alors, nous, la théorie militaire à l'exercice civil. Nous ouvrons la tranchée devant une difficulté jugée insurmontable; nous traçons des parallèles, nous creusons des mines, nous perçons des souterrains, nous dressons nos batteries, nous alignons des gabionnages, nous élevons des redans, nous...

LA DUCHESSE, riant.

Mon Dieu! quel travail vous faites là! J'aimerais cent fois mieux laisser toutes les difficultés debout que de les renverser avec tant de fatigues!

LE COMTE.

Ah! nous sommes obligés par état de réussir, nous! Que ferait le génie en temps de paix? Il oublierait la manœuvre!

LA DUCHESSE.

Très-bien! En vous voyant, et surtout en vous écoutant, je vois avec plaisir que ce long voyage vous a complétement rétabli de votre blessure.

LE COMTE.

Oui, madame, de la blessure d'Inkermann.

LA DUCHESSE.

Vous avez eu le malheur d'en recevoir une autre?

LE COMTE.

Oui, madame.

LA DUCHESSE.

A Malakoff?

LE COMTE.

Non, madame... dans une rencontre particulière.

LA DUCHESSE.

Un duel?

LE COMTE.

Oui.

LA DUCHESSE

Triste chose, le duel!

LE COMTE.

Le monde a commencé par là.

LA DUCHESSE.

Oui... Caïn et Abel.

LE COMTE.

Non... Adam et Ève.

LA DUCHESSE, souriant.

Ah!... je finis par comprendre.

LE COMTE.

Vous commencez, madame.

LA DUCHESSE.

Alors, je me tais... Veuillez m'excuser, monsieur le comte; j'ai commis une indiscrétion, à mon insu. Je respecte le secret des blessures du cœur... Me permettez-vous d'ajouter quelques points à cette broderie?...

Elle prend une broderie sur un guéridon, s'assoit et désigne un fauteuil au comte.

LE COMTE, examinant la broderie.

Ce dessin est très-joli... Aimez-vous ce travail d'oisiveté, madame?

LA DUCHESSE.

Il faut bien avoir une distraction au couvent.

LE COMTE.

Ah! nous sommes ici dans un monastère?

LA DUCHESSE.

Que j'ai fondé.

LE COMTE.

Et, en entrant, on fait des vœux?

LA DUCHESSE.

De retraite éternelle.

LE COMTE.

Doit-elle finir bientôt?

LA DUCHESSE, avec vivacité.

Vous oubliez de me raconter votre voyage, monsieur le comte.

LE COMTE.

Oh! madame! Trois volumes in-octavo, avec gravures et atlas! Comment raconter cela! J'aurai l'honneur de vous offrir le premier exemplaire.

LA DUCHESSE.

Eh bien, il y a dans tous les voyages un chapitre que le voyageur n'imprime pas; c'est celui-là que je veux.

LE COMTE.

Le chapitre de la blessure?

LA DUCHESSE.

Pourquoi pas, s'il est amusant?

LE COMTE.

Mais... dans... un... monastère... rigide...

LA DUCHESSE.

Je suis la supérieure, et je m'accorde toutes les permissions que je me demande.

LE COMTE.

Bien!... j'obéis... J'étais à Madras, au Bengale... je venais de traverser le quartier de la ville noire pour me rendre au jardin zoologique de sir Thomas Varington, un vrai paradis terrestre...

LA DUCHESSE.

Sans serpent?

LE COMTE.

Avec serpent et 35 degrés Réaumur!... Je trouvai un coin d'ombre fraîche dans le jardin, une forêt vierge en miniature. Les lataniers, les magnolias, les érables entrelaçaient leurs branches et leurs feuilles au-dessus d'un petit lac de cristal, et des oiseaux de toutes couleurs chantaient des cavatines ravissantes qu'ils ont apprises au Conservatoire de Dieu.

LA DUCHESSE.

J'entrerai dans celui-là.

LE COMTE.

Vous avez vu quelquefois, madame, les effets magiques de la chambre obscure?

LA DUCHESSE.

Oui... un petit point lumineux sur un fond noir... le point grossit à vue d'œil, grossit toujours, prend un principe de forme, puis une forme complète, et devient un fantôme colossal, avec des yeux charmants ou terribles, une femme ou un démon, la belle Hélène ou Lucifer... Mais, pardon, vous oubliez... Peut-on être blessé gravement dans une chambre obscure?

LE COMTE,

Blessé à mort!... Vous allez voir...

LA DUCHESSE.

Ah! mon Dieu! vous me faites trembler pour vos jours! Heureusement, la scène se passe à Madras et vous parlez avec l'énergie d'un vivant.

LE COMTE.

Oh! madame, ne vous fiez pas aux apparences.

LA DUCHESSE.

Rentrons dans la chambre obscure.

LE COMTE.

Soit... Les arbres tamisaient un jour crépusculaire; j'avais presque minuit à midi; j'allais m'endormir sur un hamac suspendu en escarpolette, lorsque, entre la veille et le sommeil, je vis poindre sur l'in-folio d'un latanier un visage rose, large comme... un médaillon, avec des cheveux d'ébène fluide, un front d'une ciselure exquise, des yeux velours d'iris, des narines de nacre et une bouche qui ressemblait à un écrin de perles fines, avec une bordure de corail.

LA DUCHESSE, réprimant un mouvement de surprise, à part.

Il parle comme mon mari!

LE COMTE.

Pardon, madame, vous m'avez fait l'honneur de m'interrompre?

LA DUCHESSE, sur un ton léger.

J'admirais tout bas le signalement que vous venez de donner... le signalement du visage rose. On croit lire un portrait sur un passe-port.

LE COMTE.

Ah! madame, ceci est sérieux.

LA DUCHESSE.

Je le vois bien; aussi je me permets de plaisanter... Voyons que devient le petit visage rose?

LE COMTE.

Il devient, par gradations, une jeune et belle femme complète; un divin fantôme d'amour, une apparition céleste, un ange égaré sur la terre, l'idéal du rêve de l'homme et la réalité du réveil; car je l'ai revue, cette femme, je l'ai revue vivante et radieuse dans un monde indigne d'elle; la vision du jardin a pris un corps, une âme, un cœur peut-être, et tout ce qu'elle méritait de passion, d'amour, de tendresse, d'hommages, je l'ai mis à ses pieds divins, croyant trouver auprès d'elle cet absent éternel qu'on nomme le bonheur. Inutile espoir! J'ai compris tout à coup que la beauté vivante redevenait fantôme, qu'elle m'échappait comme le premier rêve du jardin, et, à mon second réveil, j'ai découvert entre elle et moi un abîme, un abîme profond comme l'océan et sombre comme le désespoir... Voilà ma seconde blessure, madame; elle me laisse vivre par la pensée, elle me tue par le cœur!

LA DUCHESSE.

Je vous remercie de cette confidence, monsieur le comte... elle est fort curieuse... une passion de tropique... retour de l'Inde... je comprends; vous avez rencontré à Madras ou une créole coquette, c'est-à-dire une créole, ou une fiancée de Lammermoor promise à un Anglais, ou une Pénélope indienne amoureuse de son mari. Trois écueils oubliés sur la carte du golfe de Bengale.

LE COMTE.

Vous en oubliez un quatrième, madame...

LA DUCHESSE.

C'est juste... une veuve...

LE COMTE.

Une veuve...

LA DUCHESSE.

Du Malabar... On vous l'a brûlée sur un bûcher avant la

signature du contrat... J'ai deviné... Monsieur... je ne sais plus qui... un homme illustre a fait une tragédie là-dessus... Il y a un officier qui se nomme Saint-Phar, comme tous les officiers des tragédies de cette époque, et, au moment où le bourreau va brûler la veuve, Saint-Phar brûle le bourreau.

LE COMTE.

C'est charmant, c'est adorable, madame! mais je comptais sur un entretien sérieux.

LA DUCHESSE.

Ah! monsieur le comte!... si vous saviez!... une longue et solitaire douleur comme la mienne choisit la première occasion pour demander ses vacances... Ma tristesse a pris un congé d'une heure... votre réflexion la fait rentrer au logis avant le terme. Soyez indulgent, permettez le sourire à ceux qui ne rient plus.

LE COMTE.

Je supprime ma réflexion, et...

LA DUCHESSE.

Non... J'allais vous adresser une question oiseuse.

LE COMTE.

A laquelle on peut répondre?

LA DUCHESSE.

Oui, mais avec franchise.

LE COMTE.

C'est la vertu du soldat.

LA DUCHESSE.

Ah! un soldat ne ment jamais?

LE COMTE.

Il n'a pas le temps de mentir; il est toujours à la veille de sa mort.

LA DUCHESSE.

Alors, vous avez dit vrai, tout à l'heure, en m'affirmant que vous n'aviez jamais connu le colonel, mon mari?

LE COMTE.

Je jure sur l'honneur que j'ai dit vrai : honneur de soldat, honneur de gentilhomme.

LA DUCHESSE.

Je vous crois, monsieur le comte... c'est que... Non, il est inutile de... Voilà ma fleur terminée... (Montrant la broderie.) Connaissez-vous cette fleur?

LE COMTE, examinant.

Parfaitement... c'est une *stanhopea*... la fleur que j'adore... surtout celle dont l'ivoire est tigré... A Madras, j'en achetais tous les matins et j'en portais une à la boutonnière. Le consul m'appelait lord Stanhope.

LA DUCHESSE. (Elle a écouté avec la même surprise.)

Je puis vous en offrir. J'ai dans ma serre des stanhopeas de Madras et des roses de Chine, des miniatures de roses.

LE COMTE.

Vraiment, madame! J'adore les petites roses de Chine aussi : ce sont les jeunes filles du royaume des fleurs.

LA DUCHESSE. (Nouvelle surprise.)

Vous pouvez en cueillir et vous en décorer... là... (désignant) devant la grille du parc.

LE COMTE.

Je regarde les belles fleurs, madame; jamais je ne les cueille... je laisse cette espèce de crime à de plus hardis; j'en profite, mais je ne le commets pas. Une pauvre fleur s'épanouit à l'ombre ou au soleil; elle est joyeuse dans ses amours; elle joue avec la brise; elle cause avec les papillons; elle est heureuse de vivre, et un doigt brutal vient la tuer dans sa lune de miel, l'arrache à sa famille, et porte son cadavre au bazar où elle est vendue comme une momie embaumée! Oh! madame, ce doigt brutal devrait être coupé sur sa tige, après ce meurtre, s'il y avait un code pénal pour les fleurs! (Même mouvement de surprise sur le visage de la duchesse.) Je m'aperçois, madame, que vous accusez d'exagération ce sentiment honorable!...

LA DUCHESSE, d'un air distrait.

Non... non... un sentiment honorable n'est jamais exagéré... (Souriant.) Mais parlons plus bas; nous sommes entourés de jardiniers criminels qui vivent de ces meurtres, et vont vendre impunément les cadavres devant le palais de justice, au marché aux fleurs. La police se fait si mal!

LE COMTE.

Me permettez-vous, madame, de donner un coup d'œil à vos stanhopeas de la serre?

LA DUCHESSE.

Oui, mais ne tuez personne.

LE COMTE.

Oh! madame, je respecte trop les lois de l'hospitalité.

Il salue et sort.

SCÈNE V

LA DUCHESSE.

Sur son honneur de soldat et de gentilhomme, il a juré qu'il n'avait jamais connu mon mari... Alors voilà une de ces ressemblances morales qui bouleversent l'imagination!... En écoutant ce jeune homme, je crois entendre mon mari... Tout à l'heure, il parlait d'une vision comme mon mari parlait lui-même de mon portrait devant le peintre... presque les mêmes détails, les mêmes expressions...; il a les préférences, les goûts, les idées originales que j'aimais tant chez M. de Valbreuse... jusqu'à cette délicate théorie sur les fleurs! Deux frères jumeaux ne se ressembleraient pas mieux par l'esprit et le cœur... Cela m'épouvante et me charme tout à la fois... Et puis, quelle distinction dans toute sa personne! quel dédain de la conversation vulgaire, ce langage prétendu naturel de tous les hommes ennuyeux!.. Il est de l'école de mon mari, et il n'a pas connu son maître!... C'est incroyable, et je le crois. S'il y avait pour moi des hommes dangereux, celui-là serait redoutable; je l'écouterais avec délices pendant des heures entières, tant il ressemble à M. de Valbreuse! C'est une sorte d'infidélité innocente qui prend sa source dans la fidélité... Cela me rassure complétement.

SCÈNE VI

LA DUCHESSE, LE COMTE.

(Il entre à pas lents, tête basse, comme s'il méditait profondément.)

LA DUCHESSE, riant.

Quel air sombre! Auriez-vous égorgé, par distraction, une rose de Chine, à cause de la guerre?

LE COMTE.

Non, madame... je suis sous l'obsession d'une pensée.

LA DUCHESSE.

Secrète?

LE COMTE.

Publique... Avant ce soir, madame, il ne tient qu'à vous de donner le bonheur à un homme.

LA DUCHESSE, émue.

Mais c'est très-dangereux, ce que vous me proposez là!

LE COMTE.

Rien n'est plus simple.

LA DUCHESSE.

En donnant le bonheur aux autres, on s'expose à perdre le sien.

LE COMTE.

Il s'agit d'un mariage.

LA DUCHESSE, piquée.

Raison de plus !... Comment, monsieur le comte, vous me connaissez depuis une heure, vous venez de me faire une confidence... une passion de Madras, de veuve de Malabar, de paradis terrestre, de visage rose, que sais-je! Et vous osez ensuite me demander en mariage à moi-même?

LE COMTE, riant.

Ah! voilà un excellent quiproquo!... On dirait que nous jouons la comédie... J'aurais dû m'expliquer plus nettement... il s'agit de votre jardinier...

LA DUCHESSE, éclatant de rire.

Qui me demande en mariage?

LE COMTE, éclatant de rire.

Bon! le quiproquo fait son paroli... Mon Dieu! que cette gaieté fait du bien quand on est triste.

LA DUCHESSE.

Et blessé à mort.

LE COMTE, éteignant son rire.

Cette gaieté me ressuscite.

LA DUCHESSE.

Eh bien, vous me laissez ce jardinier sur les bras, maintenant?

LE COMTE.

Votre jardinier est un grand homme en herbe... vous allez voir... Je lui montre une fleur dans la serre, et je lui ordonne par signe de la couper... Ce digne jeune homme recule d'horreur, et me dit en français pur, sans mélange d'opéra-comique : « Oh ! monsieur ! nous laissons mourir ici toutes les fleurs sur leur tige. »

LA DUCHESSE.

C'est vrai !

LE COMTE.

Et moi qui croyais avoir inventé cette théorie !... je me trouve un collaborateur dans un jardinier !... Aussitôt l'intimité s'établit entre nous. Il me fait des confidences de Némorin ; il aime une Estelle du voisinage. L'amour existe des deux côtés ; la dot nulle part. J'offre de donner la dot à ce vertueux Némorin qui ne vend pas ses fleurs au marché des momies. La permission de madame la duchesse est nécessaire ; je me charge de la demander, et j'arrive de trop loin pour subir un refus, n'est-ce pas, madame ?

LA DUCHESSE.

Quelle est votre opinion sur le mariage, monsieur le comte ?

LE COMTE.

C'est la seconde vie de la femme.

LA DUCHESSE.

Et sur le célibat ?

LE COMTE.

C'est la première mort de l'homme.

LA DUCHESSE. (Nouveau mouvement de surprise.)

Encore !... (A part.) Je crois toujours entendre mon mari.

LE COMTE.

Eh bien, marions-nous ce pauvre amoureux ?

LA DUCHESSE.

Je n'y vois aucun obstacle.

LE COMTE, d'un ton doctoral.

L'agriculture a besoin de bras. L'industrie et l'armée enlèvent beaucoup d'hommes à la campagne. Chaque mariage de la banlieue est un travail de défrichement.

LA DUCHESSE. (Mouvement de surprise.)

Mais, monsieur le comte, est-il bien vrai que vous n'ayez jamais connu mon mari ?

LE COMTE.

Ah! madame, j'ai épuisé toutes les formules de serment... Mais veuillez bien me dire, madame, à propos de quoi...?

LA DUCHESSE, interrompant.

A propos de rien... pour varier la conversation...

LE COMTE.

Pardon, madame, je m'aperçois que j'abuse de vos précieux loisirs, et... (Il salue comme pour sortir.)

LA DUCHESSE, émue et le retenant par un signe.

Vous partez?

LE COMTE, avec une légèreté feinte.

Oui, madame... j'ai peu d'instants à passer à Paris, quatre ou cinq heures... Une audience de mon ministre...; une épaulette m'attend en Afrique, ou quelque chose de mieux, une balle de Kabyle, c'est-à-dire la guérison ; vingt heures de chemin de fer, trente-six heures de paquebot, et le remède au bout. S'il n'y a pas de coups de fusil en Afrique, j'ai écrit à Gérard pour le prier de me préparer un lion. Tout est prévu. (Il salue et va sortir.)

LA DUCHESSE, le retenant encore d'une voix émue.

Et votre décision est irrévocable?

LE COMTE.

Le ministre peut m'accorder un sursis de vingt-quatre heures... voilà tout...

LA DUCHESSE.

Ce n'est rien...

LE COMTE.

Rien... mais j'aurai le temps d'envoyer la dot à votre jardinier.

LA DUCHESSE.

Alors, j'ai droit de compter sur une seconde visite.

LE COMTE.

Je ne la promets pas. Un jour de départ est un jour sans loisirs...

LA DUCHESSE, à part.

Bien ! Encore un axiome de M. de Valbreuse !... (haut.) Votre visite m'apprend du moins qu'il y a des amitiés qui durent une heure.

LE COMTE.

Les amitiés qui durent plus longtemps sont ambitieuses ; elles veulent changer de nom.

LA DUCHESSE.

Mais, avec vous, on n'a rien à craindre... A Madras, vous avez gagné le grade supérieur, en... amitié.

LE COMTE.

Vous oubliez, madame, qu'en amitié supérieure, il faut être deux... et je suis seul depuis vingt-deux mois... Si je me présentais seul à l'état civil pour me marier, le maire m'enverrait à Charenton.

LA DUCHESSE.

C'est juste !... On ne recevrait pas l'urne qui contient les cendres de votre veuve.

LE COMTE.

Mais, madame, ma veuve se porte très-bien, et je ne meurs pas d'amour pour une urne du Malabar, pour un boisseau de cendres ! Mon idole est vivante. Elle marche comme la grâce, elle parle comme la mélodie, elle cause comme l'esprit, elle enchante comme la beauté. Vivre à ses pieds serait le bonheur d'un roi ; vivre dans son cœur serait l'ambition d'un ange. L'homme obscur tremble devant elle et maudit le jour où il a rêvé l'impossible, comme l'esclave qui a vu, à travers une gaze, la favorite du harem. On doit aimer cette femme, mais de loin, avec respect, sans mêler à son adoration les profanes pensées de l'avenir. On doit s'éloigner d'elle comme d'un péril, car un amour sans espoir brise les ressorts fragiles de la raison. L'homme, d'ailleurs, n'est pas digne de l'amour de cette femme. Il faudrait mériter sa possession comme la récompense d'une action sublime, inouïe, surhumaine; pour s'élever jusqu'aux délices de ce paradis, il faudrait avoir rendu un service à Dieu !

LA DUCHESSE, après un silence et luttant contre son émotion.

Voilà un monologue qui rend le duo impossible. L'unisson est brisé... Quel feu! quelle passion! quelle folie touchante! On disait que 1858 avait supprimé l'amour et gravé le trois pour cent sur la cote du cœur. Pure calomnie!... Et vous aimez ainsi cette constellation de l'Inde depuis deux ans?

LE COMTE.

Deux ans et une heure.

LA DUCHESSE.

Et une heure!... Ah! voilà un supplément inattendu!... Vous ne négligez pas les fractions.

LE COMTE.

L'amour a inventé les minutes.

LA DUCHESSE.

Bien! (A part.) Encore une pensée du pauvre... (Haut.) Ma foi, je m'y perds... Les énigmes m'ont toujours fait peur. Un sphinx est ma bête noire. (Elle s'assoit et se donne de la fraîcheur avec son éventail.) Monsieur le comte... je ne suis pas arrivée à l'âge où les vieilles femmes reçoivent une confidence, et, à cause de la date de ces deux ans, il m'est impossible de prendre ceci pour une déclaration. Si l'énigme a un mot, veuillez bien me le donner.

LE COMTE, *donnant à la duchesse une empreinte de cire*.

Le voici, madame.

LA DUCHESSE. (Elle prend et lit.)

Secrétariat de l'état-major... C'est la même empreinte!... Vous connaissiez mon portrait?

LE COMTE.

Je l'aimais depuis deux ans... c'est ma vision de Madras. J'ai fait le tour du globe pour l'oublier, je m'en souvenais trop en arrivant.

LA DUCHESSE.

Monsieur le comte, croyez-vous que, dans tout ceci, les convenances aient été bien observées de votre part?

LE COMTE.

Madame, si les convenances avaient toujours été bien observées, un homme n'aurait jamais dit à une femme : « Je vous aime; » une femme n'aurait jamais répondu : « Moi aussi, » et le monde finissait au commencement.

LA DUCHESSE.

Oui; mais le monde est maintenant hors de danger, et l'amour ne doit être ni une ruse, ni une surprise; c'est un sentiment de respectueuse patience qui sait attendre son jour.

LE COMTE.

La patience n'est pas la vertu des agonisants.

LA DUCHESSE.

Mais la réserve est la vertu des femmes. On ne meurt pas de votre agonie, et la moindre faute nous tue, nous, dans notre honneur. Le monde est le seul juge qui ne pardonne jamais.

LE COMTE.

Oh! madame, ceci est de l'ancien régime tout pur... maximes antérieures aux chemins de fer et aux paquebots à vapeur. Ce monde, ce vieux monde que nous habitons, est séparé de l'Amérique par un ruisseau. Si le vieux monde nous tyrannise trop avec son vieux code, nous sautons sur le nouveau. On meurt dans celui-ci, on ressuscite dans l'autre. L'Océan est le chemin d'azur qui mène au paradis, et l'Amérique deviendra bientôt la Belgique des veuves en faillite. New-York est un Bruxelles nuptial.

LA DUCHESSE.

Monsieur le comte, les douleurs et les tristesses, ces moroses compagnes, me retiennent encore ici.

LE COMTE.

On reçoit à bord toutes les passagères, et il y a dans la faculté universelle un médecin qui guérit tout.

LA DUCHESSE.

Son nom ?

LE COMTE.

Le temps.

LA DUCHESSE.

Je le consulterai.

LE COMTE.

Bientôt ?

LA DUCHESSE.

Dans un an.

LE COMTE.

Trop tard. (saluant.) Je vais chez le ministre... Que dois-je lui demander ?... (S'avançant vers la porte.)

LA DUCHESSE.

Un congé de six mois...

LE COMTE.

Oh ! mieux que cela...

LA DUCHESSE.

Illimité.

LE COMTE.

C'est bien court !

LA DUCHESSE.

Votre démission.

LE COMTE.

Oui.

LA DUCHESSE.

Et vous prendrez du service ailleurs.

LE COMTE.

Sous les drapeaux de l'amitié ambitieuse ?

LA DUCHESSE.

Avec un grade supérieur, peut-être.

LE COMTE.

Quelle promotion ! Je vole chez le ministre.

LA DUCHESSE.

Ecrivez à Gérard de décommander le lion.

LE COMTE, transporté de joie.

Par le courrier de demain.

LA DUCHESSE. (Fausse sortie.)

Point d'adieu, mais au revoir. (Elle serre la main au comte.)

LE COMTE, à part.

Ah ! mon Dieu ! mon succès me fait peur ! J'ai un remords !... (Rappelant la duchesse, qui est sur le seuil de la porte de gauche.) Madame la duchesse... madame... J'avais oublié... Excusez-moi... un sentiment de délicatesse...

LA DUCHESSE.

Quel trouble ! quel embarras !... Je ne vous reconnais plus... Voyons, rassurez-vous, monsieur le comte...

LE COMTE, présentant un calepin à la duchesse.

Ceci est à vous encore, madame... L'honneur me fait un devoir de vous le rendre.

LA DUCHESSE.

Eh bien, ce petit oubli vous met au désespoir ?

LE COMTE.

Ah ! madame !

LA DUCHESSE, ouvrant le calepin.

C'est un recueil de pensées... maximes... portraits... du colonel de Valbreuse. (Elle lit.) *Le célibat est la première mort de l'homme... L'amour a inventé les minutes... Je regarde les belles fleurs, jamais je ne les cueille.* (Regardant le comte d'un air sévère.) Monsieur le comte... quel nom donnez-vous à cette ruse de guerre dans votre théorie d'ingénieur civil?

LE COMTE.

Un déguisement moral...

LA DUCHESSE.

Je déteste les masques, monsieur le comte; je n'estime que les visages... Maintenant, je comprends votre désespoir.

LE COMTE.

Et vous le plaindrez demain. Celui qui, par un sentiment d'honneur, se dénonce lui-même est capable de faire mieux... J'irai plus loin.

LA DUCHESSE.

Vous punirez le dénonciateur?

LE COMTE, avec une énergie sombre.

Oui... c'est la justice des hommes!

LA DUCHESSE, imitant le même ton.

Et la justice des femmes le veut aussi.

LE COMTE.

Madame, j'ai fait une grande faute, oui; j'ai commis une bonne action... cela ne se pardonne pas. Je pouvais garder mon masque d'emprunt, je pouvais toute ma vie me faire ressembler à un autre, à celui que vous avez aimé... et, grâce à l'erreur d'une illusion qui vous est chère, je pouvais même un jour être aimé de vous... Aimé de vous, que m'importait le reste! Qu'importe à l'homme heureux la cause de son bonheur! Eh bien, non, ma loyauté n'a pas transigé avec mon amour; le repentir a éclaté avant la faute; le remords a devancé le crime, et, pour obéir au devoir, j'ai changé votre faveur en disgrâce, j'ai brisé mon avenir à jamais! Heureux maintenant si, avant le dernier de mes voyages, je puis me faire pardonner une bonne action!

LA DUCHESSE.

Et, si je vous accordais ce pardon, que penseriez-vous de moi?

LE COMTE.

Ce que je pense des anges de Dieu.

LA DUCHESSE.

Non, vous penseriez que je vous crois coupable. Pardonne-t-on aux innocents?

LE COMTE.

Jamais.

LA DUCHESSE, souriant.

Eh bien, je commence, moi.

LE COMTE, transporté.

O céleste bonté!

LA DUCHESSE.

Celui qui jette son masque ne craint pas de montrer son visage. En me rendant ce petit livre de pensées, vous avez fait la plus noble de vos actions sans éclat.

LE COMTE.

Et la récompense viendra-t-elle bientôt?

LA DUCHESSE.

Il n'y a que le châtiment qui arrive tard. (Le comte baise la main de la duchesse.)

LA COQUETTE

COMÉDIE EN UN ACTE, EN PROSE

Représentée à Paris, dans le salon de madame Orfila.

PERSONNAGES :

Madame Hortense DE VALMONT, jeune veuve, 24 ans.
Edmond DUCLOS, 30 ans.
Ernest PASSEBON, 25 ans.
M. D'HERBÈS, observateur psychologique, 45 ans. (Comique.
THOMAS, jardinier.   (Id.

---

scène est à la maison de campagne de madame de Valmont
à Ville-d'Avray, en 1857.

Edmond Duclos et Ernest sont habillés avec une grande distinction, mais en légère toilette du milieu de l'été : le plus élégant négligé du matin, à la campagne. — M. d'Herbès est tout vêtu de noir, avec cravate blanche. Tenue de savant. La distinction de la roideur.

LA COQUETTE

Un fond de paysage. — A droite du spectateur, au troisième plan, une des entrées d'une maison de campagne. — A gauche, au premier plan, une grille de fer s'ouvrant sur les bois. — Au troisième plan, un pavillon. — Guéridons, banquettes et chaises de jardin, à droite et à gauche.

SCÈNE PREMIÈRE

M. D'HERBÈS.

(Il est assis, il médite et écrit au crayon sur un calepin.)

C'est étonnant!... Avec quelle facilité on trouve à la campagne des maximes, des pensées, des axiomes, des proverbes sur la femme!... Je viens encore de trouver trois pensées, là, sous cet arbre!... trois pensées destinées à traverser les siècles... Les voici... Première pensée... *La femme sert à démontrer aux psychologistes que le cœur est une artère inutile dans le mécanisme de l'organisation!...* Voilà une découverte!... — Seconde pensée : *L'homme seul aime, la femme se laisse aimer...* Est-ce profond!... — Troisième pensée : *Le mot coquette n'a point de masculin!* En voilà une signée Larochefoucauld!... Dans mon mémoire adressé à l'Académie des sciences morales, ces trois pensées de granit feront une certaine sensation : le prix de quinze cents francs est au bout... Heureux ceux qui savent observer!... (Il serre son calepin.) Le cœur humain de l'homme est une superficie ; le cœur humain de la femme est un abîme : on effleure l'un, on creuse l'autre... Creusons...

SCÈNE II

M. D'HERBÈS, THOMAS.

THOMAS.

Bonjour, monsieur d'Herbès; vous arrivez de bonne heure, vous; toujours le premier. (Il émonde les arbres et arrose les fleurs.)

D'HERBÈS.

Bonjour, Thomas; bonjour, agriculteur laborieux !... Voilà un mortel que la civilisation n'a pas corrompu ! Heureux homme des champs!... il ressemble à une gravure du poëme de Delille... le calme de l'âge d'or l'environne; nos ambitions, nos soucis ne rident pas son visage candide! Fortuné laboureur !

THOMAS, se rapprochant.

Vous m'avez fait l'honneur de me parler, monsieur d'Herbès?

D'HERBÈS.

Non, mon ami; je respecte ton labeur... Que de naïveté sur ce front ! Le paysan de Ville-d'Avray est semblable à la nymphe Aréthuse : il a gardé sa pureté native, en traversant la ligne du chemin de fer...

THOMAS, qui a entendu les derniers mots.

Pardon... excuses... monsieur... il y a peut-être un peu d'indiscrétion... mais ça va si mal cette année... Monsieur d'Herbès connaît le chef de gare de Ville-d'Avray, je crois?

D'HERBÈS.

Oui; il a été mon secrétaire trois ans.

THOMAS.

Eh bien, monsieur d'Herbès, parlez-lui un peu de moi... Je sais qu'il y a une place d'employé vacante à la station.

D'HERBÈS.

Mais tu t'exprimes très-bien, Thomas; tu ne parles pas comme un paysan d'opéra-comique...

THOMAS.

C'est le voisinage de la station qui nous forme; c'est notre école primaire, à nous.

D'HERBÈS.

Quelle aimable ingénuité!

THOMAS.

Oh! nous sommes très-ingénus dans la grande banlieue de Paris.

D'HERBÈS.

Restez toujours ainsi, heureux enfants de la nature!

THOMAS.

Oui; mais il manque aux enfants de la nature l'uniforme bleu des employés de la station. Ah! quel bel uniforme! et puis cent francs par mois, et rien à faire. On crie : « Les voyageurs de Paris! » voilà tout le travail.

D'HERBÈS, à part.

Exploitons cette honorable ambition... (Haut.) Thomas, tu seras placé; je parlerai pour toi au président de la compagnie.

THOMAS.

Tout juste il est invité, comme vous, par madame, à la soirée de ce matin... Oh! monsieur d'Herbès, permettez-moi de me mettre à vos genoux...

D'HERBÈS.

C'est inutile... Quelle touchante abnégation!... Écoute... tu es depuis longtemps au service de madame Hortense de Valmont?

THOMAS.

Depuis six ans... (A part.) Il veut me faire jaser, et il a besoin de moi. Bon!

D'HERBÈS, après avoir regardé si personne 'écoute.

Tu as donc connu son mari?

THOMAS, feignant l'attendrissement.

Le pauvre mort! Oh! oui! Quel homme!

D'HERBÈS.

Noble sensibilité! Vertu exilée à la campagne!

THOMAS.

S'il vivait, je ne serais pas dans l'embarras où je suis pour mes semailles d'octobre. Il est si difficile de trouver soixante francs, quand on ne les a pas!

D'HERBÈS.

Aveu poignant!... (Il ouvre sa bourse.—A part.) Encourageons l'agriculture... (Haut.) Thomas, voici pour tes semailles d'octobre.

THOMAS.

Oh! mon bienfaiteur...

D'HERBÈS, montrant la maison.

Silence!... madame de Valmont pourrait nous entendre...

THOMAS.

N'ayez pas peur; madame est trop occupée des préparatifs de sa soirée matinale de musique. L'accordeur de pianos vient d'arriver, et il fait tant de tapage, qu'on n'entend que lui.

D'HERBÈS.

Comme la nature rend observateur!... Sans le vouloir, Thomas, tu as eu bien souvent l'occasion d'entendre parler de madame de Valmont?

THOMAS.

Tous les jours... sans le vouloir... Seulement, je prenais la peine d'écouter aux portes.

D'HERBÈS.

L'aimable franchise!... Et que dit-on, en général, quand on parle de ta belle et jeune maîtresse?

THOMAS, feignant de chercher.

Dame! l'autre jour, on disait qu'elle devait donner une dot à ma fiancée... Jeannette... la rosière de l'an dernier... une pauvre fille qui n'a que sa vertu, et, avec cela, on ne fait pas crédit pour le trousseau chez la lingère...

D'HERBÈS.

Quelle naïve satire de nos mœurs!... Et ta rosière a-t-elle reçu la dot?

THOMAS.

Non... c'était un faux bruit. (Il sanglote en sourdine.) Jeannette va entrer au Conservatoire...

D'HERBÈS.

Elle a de la voix?

THOMAS.

Beaucoup... Oh! si vous l'entendiez crier!... des cris de locomotive!... Et me voilà veuf avant le mariage! veuf à trente ans!

D'HERBÈS.

Pauvre garçon!... (A part.) Ce désespoir peut servir mes intérêts... (Haut.) Thomas, je me charge de la dot...

THOMAS.

Oh!... donnez-moi vos mains que je les baise!

D'HERBÈS.

Et voilà les hommes qu'on ose appeler des paysans!... Écoute, Thomas... Tu as entendu tenir des propos... légers sur madame de Valmont?...

THOMAS.

Oh! ma foi, non! quant à ça, je vous jure que madame jouit d'une bonne réputation de veuve. Il n'y a qu'une voix sur son compte. Tout le monde dit que madame est très-coquette...

D'HERBÈS, tressaillant.

Sais-tu ce que signifie ce mot?

THOMAS.

Non... mais, puisque son mari même le prononçait en riant, je pense que c'est un mot honnête.

D'HERBÈS.

Heureuse ignorance!

THOMAS.

Mais, tenez, monsieur d'Herbès, vous connaissez bien ce petit freluquet de farceur qui change de gilet et de cheval tous les jours?...

D'HERBÈS.

Ernest Passebon...

THOMAS.

Oui, ce tapageur de la ville avec qui vous vous regardez tous deux comme...

D'HERBÈS, d'un ton comiquement fier.

Deux lions...

THOMAS.

De faïence, oui, tout juste... Eh bien, l'autre soir, en quittant madame à la porte du parc, il lui a dit : « Vous êtes la plus charmante des coquettes!... » et madame riait comme une folle... Moi, le lendemain, j'ai essayé de dire à ma fiancée : « Tu es une coquette; » mais, comme elle ne comprend pas le français de Paris, elle m'a donné un soufflet avec le poing.

D'HERBÈS, à part.

Une coquette! toujours le même mot!... Qu'est-ce que la femme? Une rose sans cœur!... Bonne définition... (Haut.) Écoute encore, Thomas... tu as connu feu M. de Valmont; était-ce un homme vertueux?

THOMAS.

Oh! pour ça, oui, monsieur, très-vertueux; il me donnait

un louis d'or toutes les fois qu'il venait seul à Ville-d'Avray.

D'HERBÈS.

Seul, dis-tu?

THOMAS.

Oui, seul, avec une cousine qui avait un voile vert... « Cette cousine, me disait M. de Valmont, est brouillée avec ma femme; ainsi, je ne suis pas avec elle; je suis seul; voilà vingt francs... » Oh! très-vertueux!

D'HERBÈS.

C'est bien, Thomas... remets-toi au travail; je suis content de toi.

THOMAS.

Et moi, je serai content de vous, monsieur d'Herbès. (Il remonte la scène.)

D'HERBÈS.

L'homme des champs a subi une transformation qui...

THOMAS, descendant la scène.

Si vous ne voulez pas voir M. Ernest Passebon, je vais le dépayser dans le parc. Il descend de cheval à la grille du chemin.

D'HERBÈS.

Au contraire, laisse-le venir, ce jeune homme... (A part.) En voilà encore un que j'étudie sur le vif... (Il fait signe à Thomas de s'éloigner.) J'ai défini la nature de ce M. Ernest... Si vous aimez une coquette, redoutez l'homme frivole; c'est le plus dangereux des rivaux... Profond!...

SCÈNE III

M. D'HERBÈS, ERNEST PASSEBON.

ERNEST. (Il entre en fumant.)

Eh! bonjour, d'Herbès! comment ça va-t-il ce matin? Il fait très-chaud. (En dehors.) Thomas, donne à boire à *Spark*... Un cheval de race comme vous n'en avez jamais monté, d'Herbès; race du Devonshire, croisée avec le pays de Galles. Son père se nomme *Plain*, sa mère *Hill*; *Plaine* et *Montagne*, tels sont les auteurs de ses jours. Fumez-vous, d'Herbès? Non... tant pis! Vous avez quatre heures d'ennui de plus que moi... Eh! l'adorable veuve n'est donc pas levée sur l'horizon?... Il fait nuit en plein soleil... Quelle diable d'idée a-t-elle de donner des matinées musicales! La musique n'est bonne à entendre que la nuit! elle vous endort! c'est un service. Mon ennemi, le petit Edmond, n'est pas arrivé encore? En voilà un qui m'oxyde les nerfs comme une contre-basse enrhumée! un amoureux transi au mois de juillet! et qui se plante comme un saule pleureur sous les fenêtres de madame de Valmont! Ah! si celui-là trouve jamais une femme, je me fais ermite avant d'être vieux. Et toi, d'Herbès, où en es-tu, avec tes amours? Tais-toi avec ton silence bavard! tu aimes la belle veuve. Parbleu! nous l'aimons tous en masse! Nous la demandons tous en mariage. C'est une course au clocher. Dix amoureux engagés sur le turf. Je tiens la corde et je les étranglerai tous. Tais-toi, te dis-je! j'entends la voix de la belle adorée; je vais la recevoir. *Amour, seconde mon courage!* comme dit Joconde, mon patron...

(Il fredonne : *Amour, seconde mon courage!* et court du côté de la maison.)

SCÈNE IV

D'HERBÈS, seul.

Tout ce qu'il dit n'a pas le sens commun; mais n'importe, c'est avec ce jargon que l'amour triomphe des femmes. Observons-le bien toujours! Oh! si j'avais cette hardiesse d'écureuil, je serais le mari de la veuve dans un mois, et les dieux seraient jaloux de mon bonheur.

SCÈNE V

Les Mêmes, MADAME DE VALMONT.

MADAME DE VALMONT. (Elle arrive du fond avec Ernest.)

Oui, trois musiciens qui me manquent pour le quatuor!... Bonjour, monsieur d'Herbès... toujours exact, vous.

D'HERBÈS s'incline avec respect.

Les Grecs ont donné le nom de...

MADAME DE VALMONT, à Ernest.

Parlons français... (A d'Herbès.) Qu'y a-t-il de nouveau à Paris?

ERNEST.

La poussière; trente degrés de chaleur; cent mille provinciaux, et pas l'ombre d'un Parisien. Nous sommes tous en Allemagne.

MADAME DE VALMONT.

Oui, Paris, en été, devient la campagne de la province.

ERNEST.

Dans vingt ans, Paris, en été, ne sera plus une ville.

MADAME DE VALMONT.

Ce sera?...

ERNEST.

Une auberge. On lira à toutes les barrières, sur une enseigne : *Ici, on loge à pied et à vapeur.*

MADAME DE VALMONT.

En attendant, la campagne de Paris se fait déserte. La vie de château émigre vers le Rhin. J'ai fait trente invitations, et personne ne m'arrive. Au fond, je n'en suis guère désolée. J'aurai un concert et pas d'auditeurs. Tant mieux pour les absents; ils n'auront pas tort, car il est impossible vraiment de faire de la bonne musique, à la campagne, pendant le jour.

ERNEST.

C'est comme à la ville; mais, comme les musiciens ont seuls le privilége de faire du tapage nocturne, malgré la loi, ils continuent le soir.

MADAME DE VALMONT, à d'Herbès.

Êtes-vous musicien, monsieur d'Herbès?

D'HERBÈS.

Quand je vous écoute, madame.

ERNEST.

Eh bien, vous devriez vous dévouer, monsieur d'Herbès, pour aller à Paris chercher les trois musiciens déserteurs...

D'HERBÈS.

Si madame me l'ordonne...

MADAME DE VALMONT.

Je vous en prie... On sonne à la station, hâtez-vous... Ma femme de chambre vous donnera l'adresse des absents.

D'HERBÈS, à part.

Elle m'a souri, je suis payé. (Il sort avec précipitation.)

SCÈNE VI

ERNEST, MADAME DE VALMONT

MADAME DE VALMONT, s'asseyant.

Voilà une complaisance héroïque. (Elle fait le signe : « Asseyez-vous. »)

ERNEST, s'asseyant.

Il s'essaye au métier de mari.

MADAME DE VALMONT.

Ah! M. d'Herbès va se marier?

ERNEST.

Oui, madame.

MADAME DE VALMONT.

Tant mieux! il cherche le bonheur.

ERNEST.

Et n'en prend pas le chemin.

MADAME DE VALMONT.

Vous connaissez donc la femme qu'il épouse?

ERNEST.

C'est une femme.

MADAME DE VALMONT.

Ah! monsieur, vous mourrez dans l'impolitesse finale.

ERNEST.

Mais garçon au moins j'aurai vécu.

MADAME DE VALMONT.

Quel âge avez-vous?

ERNEST.

L'âge de la femme de quarante ans; j'en ai vingt-cinq.

MADAME DE VALMONT.

Et vous qui jugez si mal les femmes, vous croyez les connaître déjà?

ERNEST, la regardant amoureusement.

Une seule m'intéresse; celle-là, je la connais.

MADAME DE VALMONT, se levant.

Oh! je vois que nous allons recommencer notre conversation de tous les jours.

ERNEST, se levant.

Non, madame; il y a du nouveau aujourd'hui, c'est ce qui peut faire excuser ma franchise.

MADAME DE VALMONT.

Voyons l'excuse.

ERNEST.

Vous allez vous marier.

MADAME DE VALMONT, riant aux éclats.

Mais vous mariez donc tout le monde aujourd'hui! l'état civil de Ville-d'Avray va vous poursuivre en contrefaçon... Et avec qui me mariez-vous?

ERNEST.

Demandez aux échos. On ne parle que de cela dans ce faubourg de village sans portiers.

MADAME DE VALMONT.

Les échos des villages racontent des fables comme les portiers des villes.

ERNEST.

Et j'ai voulu me réserver le malin plaisir de donner ici tout à l'heure un congé à votre mari avant le *oui* fatal.

MADAME DE VALMONT, riant.

Ah! j'épouse M. d'Herbès?

ERNEST.

On le dit.

MADAME DE VALMONT.

On le dit est toujours la petite préface d'une grande fausseté. Vos échos sont des menteurs.

ERNEST.

Mais alors, madame, avec qui vous mariez-vous?

MADAME DE VALMONT.

Avec personne... Vraiment, je suis entourée d'amitiés étranges! On dirait qu'il n'est plus permis à une femme de rester veuve.

ERNEST.

Oui, madame; cela ne lui est pas permis.

MADAME DE VALMONT.

Et qui le lui défend?

ERNEST.

Ceux qui veulent l'épouser.

MADAME DE VALMONT.

C'est la tyrannie du nombre.

ERNEST.

On le réduit à l'unité.

MADAME DE VALMONT.

Oui; à condition que cette unité portera votre nom?

ERNEST.

Et mon prénom.

MADAME DE VALMONT.

C'est de la franchise, au moins.

ERNEST.

Madame, si vous étiez une jeune fille en tutelle, j'enverrais des ambassadeurs à votre père; mais vous êtes veuve et libre de vos actions, je vous demande en mariage à vous-même...

MADAME DE VALMONT.

Et je me refuse.

ERNEST.

Ah! je vous ai bien jugée, madame; je sais la vie que vous aimez. Être riche, jeune, belle, charmante; prodiguer les sourires à égale portion; prêter l'oreille à tous les adorateurs; savourer l'encens de tous les éloges; autoriser le rêve, refuser la réalité, c'est un jeu féminin que les déesses ont enseigné aux reines, et les reines aux coquettes. On a commencé par des statues de Paros, on a fini par des femmes de Paris. Les premières ont supprimé le cœur; les dernières n'ont pas réclamé. Elles ont accepté l'héritage avec le déficit.

MADAME DE VALMONT, souriant.

Vous êtes un observateur doué de la plus haute perspicacité. Vous êtes un digne élève de M. d'Herbès, notre illustre physiologiste; votre œil perce le marbre, la glace, la chair avec une égale facilité. Vous connaissez les femmes comme les dames d'un jeu de cartes. Je m'incline devant vous du haut de mon piédestal de déesse, et je vous prie de me donner, à moi aussi, un congé d'un instant, pour m'occuper de mon petit concert. (Fausse sortie.)

ERNEST.

Bien, madame; c'est fort ingénieux. Le congé que je vous donne ne congédie que moi. Je comprends la langue de la politesse raffinée, et je pars... (Fausse sortie.)

MADAME DE VALMONT, riant.

Oh! non; vous restez. Mon public n'est déjà pas assez nombreux à mon concert; veuillez bien lui laisser un auditeur.

ERNEST.

Vraiment, madame, vous mettez dans l'histoire la Circé

de la fable; vous êtes une magicienne de salon... Mais... parlons un instant sur un ton sérieux...

MADAME DE VALMONT.

Un instant, ce sera long, pour vous. Ne commencez pas ; vous économiserez une minute.

ERNEST.

Me permettez-vous d'essayer ?

MADAME DE VALMONT.

Soit. J'écoute avec patience, jusqu'à la fin de l'instant... Vous allez m'apprendre ce que je sais.

ERNEST.

Non !... il y a des femmes charmantes qui se plaisent à jouer un jeu rempli de périls. Ainsi, moi, madame, j'aime depuis longtemps, et vous le savez mieux que personne, j'aime une jeune veuve dont le sourire ressemble à un encouragement, et qui pouvait d'un seul mot m'arrêter à ma première déclaration. Ce mot n'a pas été dit. Le sourire a continué. L'amour a pris des racines. Eh bien, madame, savez-vous comment ce jeu finit quelquefois dans le monde ? Par des larmes, par le désespoir, par le deuil, par le remords... Avez-vous formé le dessein de pousser un homme aux tristes extrémités de ce badinage ? Votre sourire attendra-t-il un grand malheur pour tourner au sérieux ? J'attends une réponse, madame, et j'attends la vie avec elle.

MADAME DE VALMONT.

Voici ma réponse. J'ai dit ce seul mot qui devait vous arrêter à votre première déclaration. Ce même mot, je vous le redis chaque jour. Mon sourire est une habitude de visage qui, presque toujours, part d'un sentiment sérieux. Le sourire, chez les femmes, est voisin de la source des larmes. Voilà ce que les hommes ne savent pas. Quant aux conséquences d'un désespoir d'amour, je vous connais depuis les premiers ans de votre jeunesse, et je ne redoute aucun dénoûment fatal. Ceux qui veulent conquérir les femmes par une menace tragique ne réussissent jamais et vivent longtemps.

ERNEST, se parlant à lui-même.

Ah ! oui ! Elle me verrait mourir à ses pieds et elle resterait là, froide comme une statue de Pomone qui décore un jardin. Je la connais.

MADAME DE VALMONT.

Mon Dieu ! ces obsessions sont intolérables; les amis seuls tourmentent notre vie. Les ennemis se tiennent à l'écart, et, comme on ne les voit jamais, ils n'existent pas... De grâce, monsieur, je vous supplie d'être mon ennemi.

ERNEST, changeant de ton.

Vous êtes piquée au vif, madame; alors je rétracte tout ce que j'ai dit

MADAME DE VALMONT.

Pour me le redire demain, n'est-ce pas?

ERNEST.

Je le rétracterai encore. C'est la logique des amoureux; c'est la faute de l'amour.

MADAME DE VALMONT, lui tendant la main droite.

On vous pardonne et on vous offre la main de l'amitié.

ERNEST.

Est-ce un à-compte?

MADAME DE VALMONT.

Non, je paye tout. (Ils se serrent la main.)

SCÈNE VII

Les Mêmes, D'HERBÈS.

D'HERBÈS, arrivant essoufflé.

Madame... croyez bien... Les chemins de fer n'en font pas d'autres.

MADAME DE VALMONT.

Vous avez manqué le convoi de Paris?

D'HERBÈS.

C'est lui qui m'a manqué.

MADAME DE VALMONT.

D'une minute!

D'HERBÈS, désespéré.

D'un éclair... montre en main... J'ai crié au conducteur : « Arrêtez!... c'est une dépêche du gouvernement... » N'êtes-vous pas reine?... La locomotive est inexorable... *Elle se bouche les oreilles et nous laisse crier,* comme dit Malherbe.

MADAME DE VALMONT.

Consolez-vous, consolez-vous, mon cher monsieur d'Herbès. Nous nous passerons des musiciens.

ERNEST.

A quoi servent-ils dans un concert?

D'HERBÈS.

C'est juste... et je vous annonce, madame, l'arrivée de M. Edmond Duclos.

ERNEST, à part.

Bon! en voici un autre!

MADAME DE VALMONT.

M. Edmond est exact; il m'a demandé son *trio* favori pour

ouvrir ma matinée musicale; je fais la partie de *soprano*; je chante pour M. Edmond; c'est mon public.

ERNEST, piqué.

Public peu nombreux!

MADAME DE VALMONT.

Mais choisi.

SCÈNE VIII

Les Précédents, EDMOND DUCLOS.

EDMOND.
(Il salue respectueusement madame de Valmont et amicalement
les deux hommes.)

Ai-je manqué le *trio*, madame?

MADAME DE VALMONT.

Il vous attend. C'est un *trio*, d'ailleurs, qui attend un auditeur depuis 1826. On l'avait décapité aux Italiens comme coupable de longueur.

ERNEST.

Et de qui la musique de ce chef-d'œuvre inconnu?

EDMOND.

Ah! monsieur, on ne demande jamais le nom du musicien quand madame de Valmont choisit la musique!

ERNEST, à d'Herbès.

Comprenez-vous cette énigme, monsieur d'Herbès, vous qui êtes savant et qui fréquentez les sphinx de la fontaine de l'Institut?

D'HERBÈS.

Je ne comprend pas.

MADAME DE VALMONT.

Monsieur d'Herbès, donnez-moi votre bras et allons voir si mon *contralto* et mon *baryton* sont prêts pour notre *trio* inconnu... A bientôt, messieurs...

SCÈNE IX

ERNEST, EDMOND.

ERNEST, très-agité.

Il n'y a plus personne... Je puis fumer. (Il prend son porte-cigare.)

EDMOND, à part.

L'impertinent!... (Haut.) Je suis seul... Ouvrons un livre; nous serons deux. (Il tire un petit livre de sa poche, l'ouvre et s'assied.)

ERNEST. (Il se promène avec agitation.)

Un musicien!... Un musicien qui n'a pas de nom!... Ce nouveau venu est entouré de mystère... (Il s'assoit.) Monsieur Edmond, me permettez-vous de vous confier une réflexion astronomique?

EDMOND.

Tout vous est permis, monsieur.

ERNEST.

Nous sommes ici chez madame de Valmont comme à l'Observatoire; on découvre chaque jour un nouveau satellite qui tourne autour du soleil!... un nouveau corps opaque.

EDMOND.

Nous sommes chez madame de Valmont, et l'endroit est mal choisi pour faire des observations peu convenables en astronomie.

ERNEST.

En coquetterie, vous voulez dire?..

EDMOND.

C'est une science que je ne connais pas. (Il se remet à lire.)

ERNEST.

Vous êtes à bonne école pourtant. Le professeur ne chante que pour vous. Vous êtes son public.

EDMOND, à part.

C'est intolérable! (Haut.) Monsieur, quand deux hommes se querellent à la porte d'une femme, l'un des deux doit se condamner à être raisonnable. Je me résigne à ce rôle.

ERNEST.

Il n'est pas brillant.

EDMOND.

Il est respectueux.

ERNEST.

Le respect est le père de la prudence.

EDMOND.

Il ne tiendrait qu'à moi de prendre cette parole pour une provocation.

ERNEST.

Vous êtes libre, monsieur; je respecte toutes les opinions conservatrices.

EDMOND.

Encore une fois, monsieur, si ce persiflage n'allait qu'à mon adresse, je le subirais avec calme par respect pour la maison d'autrui; mais il y a le nom d'une femme au fond, et vous voudrez bien me permettre de briser là notre entretien.

ERNEST.

Brisons... Il me reste la ressource du monologue comme

dans les comédies... Essayons celui du *Mariage de Figaro*...
« O femme, créature décevante! Nul animal... »

EDMOND, se levant.

Décidément, il y a des voisinages inhabitables.

ERNEST, comme se parlant à lui-même.

Alors on déménage. Le parc a deux hectares de superficie, et nous sommes sur la lisière des bois. Du gazon partout au rez-de-chaussée, des lambris verts sur la tête, des rossignols au premier étage, et pas de loyer!

EDMOND, se rapprochant d'Ernest.

Pardon, monsieur... auriez-vous la prétention de me chasser d'une maison qui ne vous appartient pas?

ERNEST.

Oh! non, monsieur, je respecte trop le public.

EDMOND.

Prenez garde, monsieur; vous abusez un peu de la position où nous sommes. Il y a une femme près de nous, une femme qui nous fait l'honneur de nous recevoir chez elle, et, si votre raillerie s'élevait à l'insulte, l'un de nous pourrait oublier ce qu'il doit à cette femme, en se rappelant ce qu'il se doit à lui-même dans sa dignité.

ERNEST, avec légèreté.

Moi, monsieur, je ne songe ni à vous railler, ni à vous insulter; je cause avec moi-même : qui vous oblige à vous mêler à ma conversation? Causez avec votre livre. Moi, violer les lois de l'hospitalité châtelaine!-Allons donc! Vous me connaissez de trop fraîche date pour me juger selon mes mérites. Autre erreur, monsieur; vous me croyez votre rival. Je déteste les coquettes et j'aime toutes les femmes; vous voyez que nous ne marchons pas sur le même terrain d'amour.

EDMOND.

Je suis toujours sur le terrain de l'honneur, moi.

ERNEST.

Prenez garde, une coquette vous fera glisser.

EDMOND, menaçant de la main et se retenant.

Monsieur, la maison de madame de Valmont vient de vous protéger contre cette main.

ERNEST, tirant un calepin et écrivant.

Le soufflet est donné... voici mon reçu.

EDMOND, déchirant le papier.

Les coquettes! les coquettes! Ils n'ont que ce mot à la bouche! Et les femmes ne veulent pas aimer ces hommes-là! Voyez le crime! Coquettes!

ERNEST.

Monsieur, on ne s'insulte plus sous les armes ; nous avons croisé le fer.

EDMOND.

Enfin, il a dit une chose juste!

ERNEST.

Donc, mon arme est l'épée.

EDMOND.

J'accepte.

ERNEST.

Je suis l'insulté.

EDMOND.

Soit... Votre heure?

ERNEST, tirant sa montre.

Celle qui sonne... Vous êtes à ma disposition ; un soufflet est lourd, même par contumace.

EDMOND.

Mais on ne peut pas se battre ici!

ERNEST, montrant la grille du bois à gauche.

On ouvre cette grille et nous sommes dans le bois.

EDMOND.

Sans témoins... Il y a une femme dans cette affaire; je veux me battre sans témoins.

EDMOND.

Mais, au fond d'un procès, il y a des juges, et je demande un témoin, un seul...

EDMOND.

L'observateur M. d'Herbès, sans doute?

ERNEST.

Non, il s'évanouirait en nous observant... J'ai un témoin sous la main, un paysan civilisé, un imbécile d'esprit, l'ambitieux Thomas... J'ai besoin de lui pour les épées; il y en a de toutes les longueurs dans la salle d'armes de feu le mari, là, dans ce pavillon. (Montrant le pavillon de gauche.)

EDMOND.

Il a tout prévu! (A part.) Je suis tombé dans un guet-apens. (Haut.) Et le secret, le secret? Nous jurons de le garder inviolable...

ERNEST, prenant la main d'Edmond.

Inviolable, c'est juré.

EDMOND.

Et si le témoin parle?...

ERNEST, montrant sa bourse et la faisant sonner.

Voilà le cadenas de sa bouche; je connais mon paysan... Une minute, et je suis à vous. (Fausse sortie.)

EDMOND.

Au fond, il ne lui manque rien pour être aimé, rien que d'être aimable. Voilà où la mauvaise compagnie conduit les jeunes gens qui sont nés dans la bonne!

ERNEST, descendant la scène.

J'entends la voix de madame de Valmont!...

EDMOND.

Ne laissons rien soupçonner!

(Madame de Valmont paraît. D'Herbès lui donne le bras.)

SCÈNE X

Les précédents, MADAME DE VALMONT, D'HERBÈS.

(Ernest prend le bras d'Edmond et rit aux éclats.)

ERNEST, bas à Edmond.

Riez donc comme moi... Trouvez quelque chose de comique...

EDMOND, riant.

Je ne trouve rien...

ERNEST.

C'est égal, riez toujours.

MADAME DE VALMONT, quittant le bras de d'Herbès.

A la bonne heure! voilà une gaieté folle qui fait plaisir à voir à la campagne! Peut-on entrer dans la confidence?

D'HERBÈS, à part, écrivant.

La jeunesse de ce siècle manque de gravité... (Il pense.)

ERNEST, réprimant le rire.

Oui... madame... oui... non, peut-être... à moins que... Parlez, Edmond...

MADAME DE VALMONT.

Je n'ai jamais vu M. Edmond si gai... Ah! je devine...

ERNEST.

Oui, oui, madame... vous devinez...

EDMOND.

C'est cela, madame..

ERNEST.

Tout juste!

D'HERBÈS, à part.

Elle est frivole à l'excès. (Il pense et observe.)

MADAME DE VALMONT.

Vous avez écouté aux portes?...

ERNEST.

Oui... madame... excusez notre indiscrétion...

D'HERBÈS, à part.

Et l'aspect de la campagne...

MADAME DE VALMONT.

Comment! monsieur d'Herbès, est-ce ainsi que vous faites votre métier de sentinelle?...

D'HERBÈS, ébahi et préoccupé.

Madame... *Et l'aspect de la campagne...*

MADAME DE VALMONT.

L'aspect de la campagne ne doit pas vous faire oublier votre consigne... Ces messieurs ont entendu la répétition de notre trio italien dans l'Orangerie, et ils l'ont trouvée déplorable, et ils ont raison...

D'HERBÈS, à part, écrivant.

Ne lui inspire aucun recueillement... (Il serre son calepin.)

EDMOND, quittant le bras d'Ernest.

Ah! permettez, madame... Ne nous reprochez pas une inconvenance...

ERNEST.

Oh! non...

EDMOND, à Ernest.

Laissez-moi parler...

ERNEST, à part.

Je ne demande pas mieux.

EDMOND.

Mon ami Ernest ne comprend pas l'italien...

ERNEST.

Comme tous les habitués de Ventadour.

EDMOND.

Et je lui expliquais le sujet de votre trio, l'*Usato ardir* de Rossini...

ERNEST. (Il rit.)

Quel sujet bouffon !

MADAME DE VALMONT, étonnée.

Bouffon ! dites-vous ! c'est une tragédie sombre comme la mort.

ERNEST.

Excusez-moi, madame, les tragédies me font rire aux larmes. C'est chez moi un vice de conformation ; il m'a dispensé de la garde nationale.

D'HERBÈS, indigné, à part.

O Melpomène ! pardonne-lui !

EDMOND.

Et mon ami Ernest riait de voir dans ce trio trois personnages héroïques qui tremblent comme trois poltrons.

ERNEST.

Trois hommes d'une lâcheté vraiment comique...

EDMOND, coudoyant Ernest.

C'est-à-dire deux hommes et une femme...

ERNEST.

Oui, j'appelle cela trois hommes...

EDMOND, à part, à Ernest.

Taisez-vous donc ! (Haut.) Et ces trois héros, dont une héroïne, se demandent pendant un quart d'heure ce qu'ils ont fait de leur courage et de leur intrépidité. *Il mio valor dove!* et personne ne leur répond.

MADAME DE VALMONT.

En effet, les *libretti* d'opéra n'en font pas d'autres. Au fond, ce trio est très-comique...

ERNEST.

C'est du Molière pur...

MADAME DE VALMONT.

Il y a une reine qui a assassiné son mari, un ministre qui a assassiné son roi, et un général en chef de leurs armées qui se plaignent en cadence d'être trois poltrons. (Avec feu.) Mais aussi, qu'elle est belle cette plainte! quelle admirable élégie! quelle tristesse sublime! quelle désolation! Ces notes me brûlent le cœur.

D'HERBÈS, à part.

Tiens! elle dit qu'elle a un cœur!

ÉDMOND.

Oh! ceci est une autre question. Ernest et moi, nous sommes de votre avis sur la mélodie.

SCÈNE XI

Les précédents, THOMAS.

THOMAS, une lettre à la main.

Le commissionnaire de la station apporte à l'instant cette lettre pour madame.

MADAME DE VALMONT, prenant la lettre.

C'est probablement encore une désertion. (Elle lit.)

ERNEST, bas, à Thomas.

Toi, reste, j'ai à te parler.

(Il l'emmène dans le fond et lui parle. — D'Herbès s'assoit sur le banc de la grille, médite profondément et écrit sur son calepin.)

MADAME DE VALMONT.

J'avais deviné!... c'est mon accompagnateur, M. Lambertini, qui s'excuse longuement... Il me manque de parole; il ne vient pas.

EDMOND.

Eh bien, nous ferons un concert de causeries.

MADAME DE VALMONT.

Et mon programme?

EDMOND.

Il ne tiendra rien de ce qu'il a promis, comme tous les programmes.

MADAME DE VALMONT.

Non, j'exige de vous un service.

EDMOND, s'inclinant.

Le serviteur attend l'ordre.

MADAME DE VALMONT.

Vous tiendrez le piano, vous accompagnerez.

(En ce moment, Ernest ouvre la grille du bois et sort furtivement en faisant un signe à Edmond. Thomas entre dans le pavillon.)

EDMOND, qui a vu le signe.

Moi! madame?... (Riant avec effort.) Moi! remplacer M. Lambertini?

MADAME DE VALMONT.

Nous écrirons Edmondini sur le programme.

EDMOND.

Vous savez, madame, si je vous suis dévoué!...

MADAME DE VALMONT.

Oui, je le sais, et je viens encore d'en acquérir une nouvelle preuve à l'instant même. Vous ne sauriez croire combien je suis joyeuse de vous retrouver en bonne amitié avec M. Ernest. Une maîtresse de maison n'aime pas à voir autour d'elle une petite société d'ennemis intimes qui attristent un salon par des figures froides et des épigrammes sourdes. Merci, monsieur Edmond; vous m'avez comprise; votre bon sens a probablement fait des avances amicales à ce jeune fou; et, moi qui veux continuer dans le calme ma vie de veuve, je n'ai plus à redouter, grâce à vous, une petite guerre civile de salon... Eh bien, est-ce par un silence morne que vous accueillez mes remercîments ?

(Thomas sort du pavillon de gauche avec toutes sortes de précautions, et cachant les épées. Il disparait par la grille du bois.)

EDMOND.

C'est que, madame, vos remercîments, tout précieux qu'ils sont, ne donnent aucune espérance à mon...

MADAME DE VALMONT, interrompant avec vivacité.

Pas un mot de plus! nous allons nous brouiller... Aidez-moi à reconstruire ma matinée musicale qui s'écroule. Je fais un appel à votre dévouement, et je vous nomme mon accompagnateur.

EDMOND, souriant avec effort.

Breveté?

MADAME DE VALMONT.

Oui.

EDMOND, toujours du même ton.

Avec le sceau de vos armes, et votre signature sur vélin?

MADAME DE VALMONT.

Avec lettres patentes.

4

EDMOND.

De Votre Majesté ?

MADAME DE VALMONT.

Tout ce qu'il vous plaira. J'accorde tout ce qui n'est pas sérieux.

EDMOND.

On dit que l'amour est une chose folle : prenez garde, madame !

MADAME DE VALMONT.

Finissez, monsieur, vous venez de prononcer un mot défendu.

EDMOND.

J'attends mon brevet.

MADAME DE VALMONT.

Très-bien ! vous voilà revenu à la raison... Je vais vous adresser à mon secrétaire...

EDMOND.

Oh ! j'exige un brevet autographe, écrit tout entier de votre main, et avant le concert.

MADAME DE VALMONT.

Admirez ce ton impératif !... Ah ! quel mari vous seriez !

EDMOND.

Madame, vous venez de prononcer un mot défendu.

MADAME DE VALMONT.

Nous voilà quittes... je suis aujourd'hui si heureuse, que je réponds à tout par des sourires, comme vous voyez. La joie me rend tolérante. L'harmonie règne autour de moi ; mes amis se contentent de mon amitié ; mes ennemis refusent mes invitations ; les femmes me permettent d'être veuve, les hommes d'être libre. Rien ne trouble la fête que me donne la belle saison, au milieu de mes arbres et de mes fleurs. Oui, je sens aujourd'hui que le bonheur n'est pas un absent éternel. Le moment même approche, où mes amis cesseront de chanter sur toutes les gammes le mot *coquette* à mes oreilles. C'est un mot qui nous fait sourire d'abord, mais qui doit finir par nous irriter; il nous dépouille des plus précieuses qualités du cœur; et les hommes qui abusent de ce mot, dans leur courtoisie, semblent ignorer que les femmes ont reçu au berceau tous les trésors d'affection, de tendresse, de sensibilité, car elles naquirent pour être mères; et, dans ce monde de ruses et de perversité où elles vivent, avec des apparences de reines et des chaînes d'esclaves, si elles se dérobent à des obsessions souvent menteuses, ce n'est pas l'amour qu'elles redoutent, c'est l'amant.

EDMOND.

Personne, madame, ne vous comprend mieux que moi, et l'amour...

MADAME DE VALMONT, reprenant tout à coup le ton léger.

Ah! j'oubliais... Monsieur l'exigeant, je vais vous rédiger votre brevet d'accompagnateur. (Elle rentre à la maison.)

EDMOND. (Il la suit des yeux.)

Je l'attends, madame! Ah!... et maintenant, allons au destin.

(Edmond se retourne pour marcher à la grille, et il est arrêté par M. d'Herbès, qui vient de quitter son banc de gazon, où il méditait en écrivant sur son calepin.)

SCÈNE XII

Les Mêmes, hors MADAME DE VALMONT.

D'HERBÈS.

Pardon, monsieur Edmond Duclos, j'ai à vous communiquer quelque chose, à vous qui êtes homme de goût...

EDMOND, faisant un pas, et écartant M. d'Herbès.

Après le concert...

D'HERBÈS, le retenant.

C'est fort court... trois mots... une pensée... Vous m'en direz votre avis.

EDMOND.

Dépêchez-vous.

D'HERBÈS.

C'est une pensée que j'ai cueillie là, comme une fleur qui...

EDMOND.

Dépêchez-vous donc, monsieur! je vais tenir le piano.

D'HERBÈS.

Voici ma pensée... *La coquette est une femme...*

EDMOND, au comble de l'impatience.

Nous le savons.

D'HERBÈS.

Attendez!... *Une femme qui ne se marie qu'avec son miroir...*

EDMOND.

Bien défini!... mais ce n'est pas complet... Ajoutez : *Et qui lui est fidèle jusqu'à la mort.*

D'HERBÈS.

C'est profond!

EDMOND.

Mais écrivez donc ce supplément... vous l'oublieriez. (Il sort.)

SCÈNE XIII

D'HERBÈS, seul.

C'est vrai, j'oublie tout quand je n'écris rien; vous avez raison... (Il écrit.) *Et qui ne divorce qu'à la mort...* Non, ce n'est pas cela. (Il cherche.) Ah! j'y suis... *Et qui lui est fidèle jusqu'à la mort...* Vous me donnez cette phrase, monsieur Edmond? Vous me la donnez?... Merci. (Il se retourne, cherche partout et se trouve seul.) Où diable a-t-il passé?... Il s'est envolé comme un oiseau!... Eh bien, j'aime mieux ce que j'ai trouvé, moi... *Et qui ne divorce qu'à la mort...* C'est plus concis, plus vrai... Voilà mon manuscrit sur la coquette, à peu près terminé... Je dédie l'ouvrage à madame de Valmont... ce sera une espièglerie grave, une petite vengeance... Il est vraiment inexplicable, l'acharnement que met cette femme à me repousser! On a tout ce qu'il faut pour réussir auprès du sexe... Quarante-cinq ans: l'âge vrai de l'homme, l'âge où l'homme cesse d'être un enfant... un physique assez avantageux pour un homme d'étude... une perspective de fauteuil à l'Institut... une conversation amusante en société... un talent d'observateur généralement reconnu... une conduite et des mœurs irréprochables... Oh! mes mœurs!... Enfin, tout ce qui peut séduire une veuve ordinaire... et on échoue contre un écueil!... une coquette! On est condamné au célibat à perpétuité pour crime de vertu! quel siècle! Le souffle de la coquetterie a éteint le flambeau de l'hymen! on ne se marie plus! O hymen! ô hyménée! que diront nos enfants si les pères viennent à leur manquer!

SCÈNE XIV

D'HERBÈS, ERNEST.

ERNEST.

(Il entre avec précipitation et en délire, sans remarquer d'Herbès.)

Après!... après!... c'est horrible!... quelle leçon!... quelle leçon!... Oh! maudite tête! maudite langue!... après l'insulte, le sang!... Oh! mon Dieu!

D'HERBÈS.

Ah! vous tombez des nues, monsieur Ernest?

ERNEST. (Il s'assoit.)

Que vous importe!... (A part.) Au diable l'imbécile!

D'HERBÈS, à part, avec malice.

Quelle mine triste!... il vient de recevoir son congé. C'est un amoureux en retraite.

ERNEST.

Monsieur, avez-vous jamais éprouvé le besoin d'être seul?

D'HERBÈS.

Oui, monsieur, quand je suis mal accompagné.

ERNEST.

Monsieur, savez-vous le nom que je donne à un observateur?

D'HERBÈS.

Un la Bruyère... un Vauvenargues... un...

ERNEST.

Un espion.

D'HERBÈS.

Monsieur Ernest, vous avez de l'esprit...

ERNEST.

Désespéré de ne pouvoir vous rendre ce compliment!

D'HERBÈS, furieux.

Mais vous êtes un maquignon déguisé en gentilhomme.

ERNEST, furieux.

Monsieur, je vais vous montrer d'ici une allée de marronniers où l'on se promène à l'ombre... Tenez... là, derrière ce pavillon... Suivez mon conseil, favorisez-moi de votre absence et épargnez-moi la peine de vous chasser.

D'HERBÈS, à part.

C'est trop fort! allons porter notre plainte à l'autorité locale... à madame de Valmont. (Il s'éloigne.)

SCÈNE XV

ERNEST, puis THOMAS.

ERNEST. (Il est dans l'anxiété la plus vive et regarde à travers la grille du bois.)

Enfin, voilà Thomas! (Thomas entre en scène avec précaution.) Vite, parle...

THOMAS.

D'abord, monsieur, reprenez cette bourse... elle me brûle les doigts... J'aime assez l'argent, mais...

ERNEST.

Parle, te dis-je!... Eh bien, tu donneras cet argent aux pauvres... Voyons, comment l'as-tu laissé dans la ferme?... est-il dans la ferme?

THOMAS.

Non... il ne veut pas se reposer; il ne veut recevoir aucun médecin... Un coup d'épée dans le bras, m'a-t-il dit, ce n'est rien; le bras n'appartient pas au corps... Comprenez-vous cela, vous?...

ERNEST.

Va toujours.

THOMAS.

Eh bien, voilà tout... M. Edmond se croit bien portant; je l'ai pansé comme j'ai pu; il a remis son paletot léger, et il va venir... Tenez, le voilà...

SCÈNE XVI

Les Mêmes, EDMOND.

ERNEST, courant à Edmond et lui prenant la main.

Quelle imprudence!

EDMOND, pâle et s'efforçant d'affermir sa voix et ses pieds.

Il le faut! il le faut!... point de scandale! mon absence ferait tout découvrir... J'aurai la force de me tenir debout jusqu'à ce soir... Laissez-moi seul ici... Madame de Valmont va venir, et, comme il nous serait impossible d'être aussi gais que tout à l'heure, nous nous trahirions... (Il lui serre la main et s'assoit.)

ERNEST, à Thomas.

Ce pauvre garçon est pâle comme la mort; conduis-moi tout de suite chez le médecin de l'endroit.

THOMAS, bas.

Ici tout près, par la grille. (Ils sortent.)

SCÈNE XVII

EDMOND, puis MADAME DE VALMONT.

EDMOND.

Quel excellent service notre duel a rendu à ce jeune homme! ma blessure l'a guéri... Oh! que je souffre!... ma langue est desséchée par la soif... la fièvre me brûle... et il faut être énergique pourtant... la douleur est une esclave de la volonté...

MADAME DE VALMONT.

Ah! ce n'est pas vous que je croyais rencontrer là...

EDMOND, se levant.

C'est un malheur pour moi, madame.

MADAME DE VALMONT.

Trêve au badinage... il nous a conduits au sérieux... Décidément, la vie d'une femme est impossible à faire dans quelque condition où le hasard la place. Jeune fille, femme, ou veuve, le monde lui fait subir toutes ses tyrannies. Si elle se cloître, la calomnie lui prête une intrigue mystérieuse ; si elle ferme ses salons, on l'accuse d'avarice ; si elle les ouvre, on l'accuse de coquetterie ; si elle garde le sérieux, on la traite de prude ; si elle sourit à ses invités, tous ses invités lui écrivent la même circulaire d'amour. Mais tout cela n'est rien encore ; des scènes affreuses éclatent autour d'elle, et la maîtresse de maison se voit un jour contrainte à faire du scandale, même en prévoyant toutes les calomnies qui l'attendent le lendemain... Que dites-vous de cela, monsieur Edmond ?

EDMOND, interdit.

J'ose espérer, madame, que rien n'est à mon adresse dans les justes plaintes que vous exprimez si bien.

MADAME DE VALMONT.

Rien... Mais, au moment même où je me félicitais de voir le bon accord qui existait entre vous et M. Ernest, savez-vous ce que j'ai appris ?

EDMOND, au comble de l'effroi.

Non, madame...

MADAME DE VALMONT.

Vous êtes bien ému en me répondant... votre trouble vous honore ; vous vous associez noblement à mon indignation... Vous comprenez...

EDMOND.

Oui, madame... Je regrette seulement qu'une indiscrétion ait été commise...

MADAME DE VALMONT.

Mais celui qui l'a commise avait le droit de parler...

EDMOND, au comble de l'embarras.

Ah! il avait?...

MADAME DE VALMONT.

Comment!... un de mes invités, M. Ernest, un insolent! se permet de chasser un homme de chez moi, de l'insulter chez moi, et cet homme, ainsi outragé de toutes les manières par un jeune fou, n'aurait pas le droit de venir se plaindre!... M. d'Herbès a très-bien fait.

EDMOND.

Ah! c'est M. d'Herbès qui s'est plaint?

MADAME DE VALMONT.

Mais puisque vous le savez!

EDMOND.

C'est juste! (A part.) Je ne le savais pas.

MADAME DE VALMONT.

Ce qu'il me reste à faire me répugne sans doute, mais je le ferai... Le jeune homme qui a ainsi perdu le sentiment de ses devoirs sera prié d'oublier le chemin de ma maison... (Examinant Edmond.) Vous paraissez souffrir... votre visage est pâle...

EDMOND, jouant la légèreté.

Pâle!... c'est le reflet des arbres... Avez-vous vu, madame, l'*Antiope* du Corrége au Louvre?

MADAME DE VALMONT, avec inquiétude.

Quelle étrange question!

EDMOND, du même ton.

Corrége, ce grand peintre, qui a si bien étudié la nature... a mis des reflets pâles sur le teint d'Antiope. La scène se passe dans une forêt... (Faisant un effort pour continuer sur le même ton.) Un peintre ordinaire aurait prodigué la nuance rose sur la chair... Quelle faute d'observation !

MADAME DE VALMONT.

Soit ; mais votre théorie sur Antiope, sur le vert, sur le rose, sur les arbres, ne me fera pas oublier l'insolence qui vient m'outrager moi-même dans la personne d'un invité... Vous voulez détourner mon attention ; je comprends très-bien votre tactique amicale, et... (Examinant Edmond.) Vraiment, votre visage exprime la souffrance... Est-ce une indisposition subite ?... Parlez...

EDMOND, luttant avec énergie et souriant.

A vous dire vrai, madame, la chaleur est accablante... Réaumur abuse de l'ascension, et...

MADAME DE VALMONT, avec empressement.

Entrez donc dans ma galerie... Venez... Je vous offre mon bras...

EDMOND, résistant.

L'auteur du *Cosmos* prétend que, sous la ligne, la chaleur est si forte, qu'elle produit l'effet du froid polaire... et... (Épuisé.) Madame... permettez-moi de m'asseoir. (Il se laisse tomber sur une chaise.)

MADAME DE VALMONT, avec effroi, se penchant sur Edmond.

Vous vous trouvez mal ? Ah ! mon Dieu !... rentrez...

EDMOND.

Non, madame... Rentrez seule, je vous prie... Ce n'est rien... j'ai besoin de calme...

MADAME DE VALMONT, prenant la main d'Edmond.

Votre main brûle !...

SCÈNE XVIII

Les Mêmes, THOMAS.

THOMAS, arrivant à la hâte, et voyant madame de Valmont penchée sur Edmond et lui tenant la main. — A part.

Madame sait tout! (Se rapprochant avec précaution de madame de Valmont et lui parlant bas.) Le médecin ne peut venir que dans un quart d'heure.

MADAME DE VALMONT, au comble de l'étonnement.

Le médecin?

THOMAS.

Mais ne vous effrayez pas, madame, la blessure n'est pas dangereuse...

MADAME DE VALMONT, poussant un cri et avec effroi à Edmond.

Vous êtes blessé!... vous êtes blessé!

THOMAS, se frappant le front.

Bon! j'ai fait une bêtise!

MADAME DE VALMONT.

Vous ne répondez pas... Vous êtes blessé!... (Rentrant dans ses souvenirs.) Oui... Cette gaieté fausse... ce prétexte de brevet pour m'éloigner d'ici... C'est un duel! Vous vous êtes battu!... vous vous êtes battu pour moi!...

EDMOND.

Madame, au nom du ciel... Tout le monde va connaître cette malheureuse affaire...

MADAME DE VALMONT.

Eh! que m'importe!... il faut vous secourir!

EDMOND.

Madame, écoutez votre raison...

MADAME DE VALMONT.

J'écoute mon cœur...

EDMOND, se levant.

Je me trouve mieux...

MADAME DE VALMONT, désolée.

Et ce médecin?... Pourquoi tarde-t-il?

THOMAS.

M. Ernest va le conduire ici dans l'instant...

MADAME DE VALMONT.

M. Ernest!

EDMOND.

Madame, il est au désespoir et plus digne de pitié que de haine... Nous sommes réconciliés... ne l'accablez pas...

SCÈNE XXI

LES MÊMES, M. D'HERBÈS.

D'HERBÈS, triomphant.

Madame, tout est prêt dans la salle du concert; on n'attend plus que vous pour commencer le trio.

MADAME DE VALMONT, hors d'elle-même.

Je vous prie d'annoncer à ma société que madame de Valmont, se trouvant subitement indisposée, offre ses humbles excuses à ses amis et renvoie le concert à la fin de la saison.

D'HERBÈS.

Madame est indisp...?

MADAME DE VALMONT.

Oui, vous dis-je... Allez...

(D'Herbès s'incline et rentre dans la maison.)

EDMOND.

Mais, au nom du ciel, madame, songez à toutes les conjectures...

MADAME DE VALMONT, au comble de l'impatience.

Je songe au médecin, qui ne vient pas!...

EDMOND.

Madame, l'intérêt que vous me portez en ce moment me fait plus de bien que tout autre secours... Je suis mieux... Pensez à tout ce que va dire le monde... Je suis beaucoup mieux...

MADAME DE VALMONT.

La souffrance est écrite sur votre visage... Vous avez beau faire de nobles efforts pour la dissimuler, je vois saigner votre blessure, qui est la mienne; car vous l'avez reçue pour moi. Le monde dût-il m'écraser de ses jugements, je dois rester auprès de vous, auprès de ma blessure; mon devoir est ici. Le monde n'a jamais rien fait pour moi, je ne veux rien faire pour lui; je ne lui dois rien.

SCÈNE XX

Les Précédents, ERNEST.

ERNEST.

(Il arrive avec précipitation et s'arrête en apercevant madame de Valmont.)

Madame...

MADAME DE VALMONT, émue, avec bonté.

Approchez, monsieur, on sait tout... et... Vous êtes seul?

ERNEST.

Je devance de quelques instants votre docteur... (Bas, à Thomas.) Qui a parlé? qui nous a trahis?

THOMAS, bas, à Ernest.

Personne.

SCÈNE XXI

Les Mêmes, M. D'HERBÈS.

D'HERBÈS.

Madame, vos ordres ont été remplis, et...

MADAME DE VALMONT.

Il suffit, le reste m'est indifférent... (A Edmond, avec tendresse.) Vraiment, vous trouvez-vous mieux?

EDMOND.

Jamais je ne me suis trouvé aussi bien. Ma vie commence aujourd'hui.

THOMAS, se rapprochant de madame de Valmont.

Madame, j'ai rencontré cette bourse dans le bois, et je vous prie de la donner aux pauvres du village.

MADAME DE VALMONT, prenant la bourse.

C'est bien! Je me charge de la distribution. J'enverrai cet argent aux incendiés de Waldorff. (Bas, en tendant la main à Edmond.) Il faut qu'un mariage commence toujours par une bonne œuvre...

EDMOND, exalté, et bas à madame de Valmont.

Ah! je le savais bien, que vous aviez un cœur...

MADAME DE VALMONT.

J'en cherchais un autre, moi.

AIMONS NOTRE PROCHAIN

PARABOLE EN UN ACTE, EN PROSE

Représentée à Paris, à la salle Herz.

PERSONNAGES :

Mme DE FONTALBE, jeune veuve...............	Mlles JUDITH.
DÉLIA, sa femme de chambre..........	BRINDEAU.
MAURICE DE SAINT-BLANCARD .:...............	MM. BRINDEAU.
TONY, valet de chambre........................	CASTEL.

La scène est à Ville-d'Avray.

AIMONS
NOTRE PROCHAIN

Un salon élégant.

SCÈNE PREMIÈRE

MADAME DE FONTALBE, DÉLIA.

(Madame de Fontalbe est assise.)

DÉLIA. (Elle achève de coiffer madame de Fontalbe.)
Madame me permet-elle de l'interroger?

MADAME DE FONTALBE.
Interrogez-moi, je veux bien.

DÉLIA.
Madame, ne trouvez-vous pas que la campagne est inhabitable?

MADAME DE FONTALBE.
Je ne suis pas de votre avis, Délia... Comment! après trois semaines de résidence dans ce charmant village de Ville-d'Avray, vous regrettez déjà Paris?

DÉLIA.
Je le regrettais déjà avant ces trois semaines.

MADAME DE FONTALBE.
Eh bien, Délia, vous vous habituerez à le regretter; car ma résolution est irrévocable. Je veux être veuve avec

calme; il me faut donc un village pour retraite. J'ai tous les goûts qui font les délices de la solitude. J'aime les fleurs, la musique, la lecture, la broderie. Ces distractions remplissent tout un jour; le sommeil remplit toute une nuit. Vivre inconnue dans un village est maintenant ma seule ambition.

DÉLIA.

Vivre inconnue! oh! madame de Fontalbe, si vous étiez votre femme de chambre un seul moment, vous douteriez de votre incognito! Vous n'êtes sortie qu'une fois pour aller à l'église, et tout le village est déjà rempli de votre nom, de votre grâce, de votre beauté. Votre toilette est sans doute bien simple; mais vous êtes grande dame malgré vous, et vous portez votre chapeau de paille comme une couronne de comtesse. Ceux qui ne vous connaissent pas et qui ne vous ont jamais vue, et qui vous suivent de très-loin, devinent que vous êtes belle à ravir, et ils précipitent le pas pour avoir le bonheur de vous voir un moment; ceux qui vous regardent passer devant les balcons, les terrasses, les grilles des jardins, laissent éclater sur leur visage des sourires d'admiration. Il n'y a point d'incognito pour une jolie femme; elle resterait toute seule enfermée dans une maison, fenêtres et portes closes, sa beauté rayonnerait à travers les murs; les passants s'arrêteraient pour voir la façade; on devinerait le diamant à travers l'enveloppe de l'écrin.

MADAME DE FONTALBE.

Délia, vous êtes un démon.

DÉLIA.

Je ne suis qu'une jeune fille, c'est bien assez; madame me flatte toujours; seulement, je n'ai point d'ambition et je ne veux pas m'élever plus haut.

MADAME DE FONTALBE.

Quelle heure est-il, Délia?

DÉLIA, regardant la pendule.

Six heures. — Six heures du matin! Madame trouve déjà la journée longue; ordinairement, on ne demande l'heure qu'à six heures du soir.

MADAME DE FONTALBE.

Délia, ouvrez la persienne... je veux jouir du soleil levant; ses rayons doivent avoir une teinte charmante sur la cime des arbres de Ville-d'Avray.

DÉLIA, regardant à travers la persienne.

Impossible, madame... vous regarderez le soleil levant ce soir... Il y a toujours le voisin... Le voisin!... C'était bien la peine de quitter Paris pour trouver encore des voisins à la campagne. Les voisins vous suivent partout, comme les portiers.

MADAME DE FONTALBE.

Je conviens qu'il est fort désagréable d'avoir ce jeune homme pour voisin... Chaque maison a ses inconvénients.

DÉLIA.

Mais celui-là est le pire de tous. (Regardant à travers la persienne.) Un jeune homme de trente ans... On ne voit jamais que les trois quarts du visage, mais le fragment est beau... Son costume est de la plus haute distinction, à six heures du matin; cette toilette de bal est en avance de quinze heures sur la journée... Il lit un livre avec attention... Pas un mouvement... comme hier... toujours immobile... Il ressemble à une statue de jardin habillée en monsieur... Madame, voulez-vous que je fasse du bruit pour secouer cette énigme?

MADAME DE FONTALBE.

Gardez-vous-en bien! il croirait que nous nous occupons de lui.

DÉLIA.

Oui, épargnons-lui cette erreur... N'importe, c'est irritant au dernier point, un voisin comme celui-là, qui lit depuis six heures du matin jusqu'à la nuit, en costume de bal... qui ne reçoit personne, ne sort jamais, ne s'occupe pas de nous! Il n'est pas permis à un voisin de se conduire ainsi. Nous devons porter plainte à l'autorité.

MADAME DE FONTALBE.

Mais il me semble, Délia, que chacun est libre de faire chez soi ce qui lui plaît.

DÉLIA.

Oui, madame, si ce qui lui plaît n'incommode pas les voisins. Il y a des lois pour cela. Nous avions aux Batignolles, chez ma première maîtresse, madame Bousignot, un voisin qui tirait des feux d'artifice tous les soirs dans sa basse-cour; nous portâmes notre plainte au maire. M. Giraud, qui força notre voisin à ne s'amuser ainsi que la veille de la fête de l'empereur, comme la ville de Paris, qui ne s'amuse qu'une fois l'an.

MADAME DE FONTALBE.

Vous êtes folle, Délia; ce voisin de Ville-d'Avray n'a rien de commun avec le vôtre des Batignolles.

DÉLIA.

Mais, madame, j'aimerais cent fois mieux que celui-ci tirât deux feux d'artifice par jour, qu'il sonnât du cor, qu'il fît des gammes au piano, qu'il lût le *Moniteur* à haute voix; au moins nous serions fixées sur le compte de notre voisin; nous aurions le droit de nous plaindre d'un fléau qui aurait un nom, et de lui envoyer des injures par notre fenêtre ou des huissiers par sa porte; tandis que nous sommes là, depuis trois semaines, occupées à détruire notre imagination devant un mystère qui nous empêche de rire le jour et de dormir la nuit, sans avoir le droit de jeter dans le jardin de ce mystère une bonne pierre ou une feuille de papier timbré.

MADAME DE FONTALBE, avec un faux sourire.

Vraiment, Délia, vous prenez la chose trop au sérieux. Je ne veux pas que ce voisinage vous rende tout à fait folle, et, pour vous conserver le peu de raison qui vous reste, j'irai passer quinze jours, en hôtel garni, à Saint-Cloud.

DÉLIA.

Et, après ces quinze jours, madame...?

MADAME DE FONTALBE.

Nous rentrerons ici.

DÉLIA.

Eh! mon Dieu! nous reverrons la même chose, madame, j'en mettrais la main au feu. Si j'osais proposer un pari à madame de Fontalbe, je parierais ma dot de la caisse d'épargne que, le dernier jour de l'été, à cinq heures du soir, cet abominable beau jeune homme ouvrira ce même livre, là, devant nous. Cela prend la tournure de ne jamais changer, comme la colonne Vendôme, comme l'obélisque de Luxor. Si cette maison m'appartenait, je me donnerais le plaisir d'y mettre le feu, pour voir si mon incendie dérangerait ce voisin. Oh! madame la comtesse, vous avez beau prendre un bel air d'insouciance, vous êtes femme avant d'être grande dame, et votre impatience est aussi forte que la mienne, quoiqu'elle sache mieux se farder.

MADAME DE FONTALBE.

Mais je ne farde rien, Délia; au contraire, j'avoue hautement ma curiosité en cette occasion. Ce voisinage ne m'irrite pas, moi ; il m'intéresse. Jusqu'à ce jour, je n'avais vu que des jeunes gens étourdis, turbulents, oisifs, amoureux d'eux-mêmes, et je rencontre par hasard, sous ma fenêtre, une exception, un jeune homme modèle, un dandy qui s'habille au dernier goût du jour, seulement pour honorer sa dignité personnelle, et sans aucun but de parade et d'ostentation ; un élégant campagnard qui s'instruit, étudie, médite, lorsque tant d'autres s'efforcent d'oublier le peu qu'ils avaient appris. Pareille découverte est rare ; elle est digne de tout mon intérêt. Je voudrais savoir le nom de ce voisin phénomène pour l'écrire sur mes tablettes comme un événement.

DÉLIA.

Si c'est ainsi, la chose est plus sérieuse que je ne pensais.

MADAME DE FONTALBE, avec douceur.

Prenez bien garde à ce que vous pensez, Délia ; ma bonté vous encourage trop... Je descends au jardin...

(Fausse sortie.)

DÉLIA.

Madame est-elle contente de sa coiffure ?

MADAME DE FONTALBE.

C'est toujours assez bon pour la campagne ; ici, on ne s'habille que pour soi.

DÉLIA.

Quand madame descend au jardin, toutes les fenêtres des environs s'ouvrent, comme de grands yeux, pour la regarder.

MADAME DE FONTALBE.

Cela m'est indifférent. Depuis le premier jour de mon

veuvage, je suis morte au monde. J'ai acheté cette petite maison comme on achète une tombe de son vivant, et je me soucie fort peu du mépris ou de l'admiration du genre humain de Ville-d'Avray.

(Elle sort.)

SCÈNE II

DÉLIA, seule.

J'espère bien que madame ressuscitera de son vivant.... Ouvrons la persienne avec un fracas prémédité. (Elle ouvre la persienne et fredonne un air.) C'est trop fort! il ne bouge pas!—Ah! voilà son valet de chambre qui entre. Le valet de chambre dépose un gros livre sur un guéridon; un livre énorme... un livre de ville... En voilà un que je ne lirai pas!... (Elle déchire la bande d'un journal et fait semblant de lire à la fenêtre.) Ce valet de chambre n'a pas l'air de s'amuser beaucoup; il va donner sa démission au premier jour... Faisons-lui tomber un piége... (Elle laisse tomber le journal et pousse un cri.) Mon journal!... Excusez, monsieur le valet de chambre... là... au pied du mur... un journal sur un vase de géranium... Je vous serai bien reconnaissante... le vent l'a emporté... (A part.) Il n'y a pas un brin d'air, c'est égal... Bon! le piége a réussi... le valet de chambre monte... Je connaîtrai la moitié de l'énigme, au moins... Prenons nos grands airs pour le recevoir.

SCÈNE III

TONY, DÉLIA.

DÉLIA, prenant le journal.

Mille remercîments, monsieur.

TONY, s'inclinant.

Mademoiselle... (Fausse sortie.)

DÉLIA.

Vous devez être fatigué; voulez-vous vous reposer un instant?...

TONY.

Mon maître serait furieux contre moi s'il remarquait mon absence.

DÉLIA.

Votre maître ne remarque rien.

TONY.

Il va bientôt terminer sa lecture de *Défrichement of woods of New-Holland. Printed by Thompson, Soho square. London.*

DÉLIA.

Qu'est-ce que c'est que ce livre-là?

TONY.

Un essai sur le défrichement des bois de la Nouvelle-Hollande.

DÉLIA.

Ah! mon Dieu! ce vilain beau jeune homme s'occupe du défrichement des antipodes!

TONY

C'est un économiste.

DÉLIA.

A son âge! il a déjà cette infirmité?

TONY.

Et il m'a dit de chercher dans sa bibliothèque le *Traité de l'influence des météores polaires sur l'intelligence des naturels du détroit de Behring*... Voulez-vous que je vous cite ce titre en anglais?

DÉLIA.

Non, je n'ai pas le temps de l'écouter... Quel dommage que monsieur... monsieur...

TONY.

Maurice de Saint-Blancard.

DÉLIA.

J'avais oublié son nom... Quel dommage que notre voisin, M. Maurice de Saint-Blancard, soit affligé de tous ces défauts!

TONY, avec un soupir.

Ah! c'est ainsi!... Mais, à part cela, il a toutes les qualités possibles : il est généreux, aimable, musicien, ténor, célibataire et muet dans la conversation.

DÉLIA.

Voyez donc! il pourrait être parfait!

TONY.

Cela ne dépend que de lui... (Effrayé.) Ah! mon Dieu! j'entends le bruit de ses bottes!... je suis perdu!... Au nom du ciel, cachez-moi!...

DÉLIA.

Sautez par la fenêtre.

TONY.

Merci.

SCÈNE IV

TONY, DÉLIA, MAURICE.

MAURICE, entrant furieux, un livre à la main.

Malheureux! valet indigne de me servir! tu ne rentreras plus chez moi!

TONY, à genoux.

Monsieur...

MAURICE, à Délia.

Mademoiselle, j'ai le droit d'entrer ici; j'ai le droit de veiller sur mon domestique, et je ne savais pas si cette maison est habitée ou non.

DÉLIA.

Elle est très-habitée, monsieur.

MAURICE.

Par des femmes?

DÉLIA.

Par une dame et sa camériste.

MAURICE.

Toujours des femmes! partout des femmes! Comment veut-on après cela que la jeunesse s'instruise, devienne sérieuse et s'occupe de défrichements! (Apercevant madame de Fontalbe qui entre.) Encore une!

SCÈNE V

Les Précédents, MADAME DE FONTALBE.

MADAME DE FONTALBE.

Que signifie ce bruit?

DÉLIA.

C'est M. de Saint-Blancard, notre voisin, qui vient réclamer son domestique, qui s'est égaré dans les environs.

MAURICE, avec beaucoup de distinction.

Madame, veuillez bien m'excuser, je n'ai pas l'habitude du monde ; je suis un campagnard studieux, voilà tout. (Il dépose son livre sur une table.) Tout domestique entre chez moi sous la condition de ne parler à aucun voisin, et de ne se mêler que de mes affaires. Celui-ci, ce drôle, ce Tony, a manqué à ses engagements... (Tony veut se justifier.) Tais-toi, maraud, point d'excuses ! je te chasse ; je vivrai seul.

DÉLIA, à madame de Fontalbe.

Madame, intercédez en faveur de ce pauvre garçon. Voici son crime : il m'a rapporté un journal que j'avais laissé tomber par la fenêtre, chez le voisin.

MADAME DE FONTALBE, bas, à Délia.

Ah! Délia! Délia!

MAURICE, à madame de Fontalbe.

Madame, voilà un bon exemple que je vous donne. Tout serviteur infidèle mérite un congé immédiat. Dès ce moment, je n'ai plus de domestique. Je suis libre, je suis maître de moi. Je m'appartiens! Adieu, Ville-d'Avray. Adieu, madame. Demain, je vends cette maison, où il m'a été impossible de trouver le calme et la solitude si nécessaires aux études sérieuses. Je quitte ce village, qui est un faubourg de Paris, et je vais m'ensevelir dans un désert inconnu, où le bruit des voisins et des locomotives n'est pas encore arrivé. (Il salue et sort en chassant Tony devant lui.)

SCÈNE VI

MADAME DE FONTALBE, DÉLIA.

DÉLIA, les yeux dans son mouchoir et feignant la désolation.)

Madame... je sais aller au-devant de vos ordres, et me donner le congé que je mérite... Je vais faire mes malles.

(Fausse sortie.)

MADAME DE FONTALBE.

Délia !

DÉLIA.

Madame m'appelle ?

MADAME DE FONTALBE.

Vous avez une étourderie bien coupable.

DÉLIA.

Je le sais, madame; oh! je connais mes défauts; mais j'oublie toujours de m'en corriger. Si je ne quitte pas votre maison, je retomberai demain dans la même étourderie, et peut-être ce soir. C'est plus fort que moi, il faut que je fasse des fautes. Ainsi, ayez la bonté de ne pas me pardonner, et soyez assez heureuse pour trouver une autre femme de chambre qui ne s'occupe pas des voisins. (Fausse sortie.)

MADAME DE FONTALBE.

Délia... vous voulez donc me laisser ici toute seule ?

DÉLIA.

Si madame a besoin de mes services, je resterai encore huit jours.

MADAME DE FONTALBE.

Soit... ensuite, nous verrons.

DÉLIA.

D'abord, je commence par fermer cette maudite fenêtre, qui est la cause de tous nos malheurs.

MADAME DE FONTALBE.

Nous allons étouffer, Délia, ne fermez rien.

(On entend un accord de piano.)

DÉLIA.

Bon! le voisin va chanter ses adieux à Ville-d'Avray.

MADAME DE FONTALBE.

Silence, Délia...

MAURICE, en dehors.

Adieu, charmant village,
Désert peuplé de fleurs,
Air du ciel qui soulage
Et calme les douleurs.
Le monde me réclame,
Plus d'espoir de retour.
Je te laisse mon âme,
Et l'âme, c'est l'amour.

DÉLIA, après le couplet.

C'est le moment de fermer la fenêtre pour lui donner une leçon comme il n'en recevra pas au Conservatoire.

MADAME DE FONTALBE.

Délia, je ne vous ai rien ordonné.

MAURICE, de même.

Adieu, vertes collines,
Horizon enchanté,
Concerts, plaintes divines
Des belles nuits d'été ;
Le monde me convie
A son bonheur d'un jour ;
Ici, laissons ma vie,
Ma vie est mon amour.

DÉLIA.

Si cela était de la musique, elle courrait la chance d'être mauvaise.

MADAME DE FONTALBE.

Mais vous ne vous tairez donc pas?

DÉLIA.

L'air est fini, le parterre donne son opinion.

MADAME DE FONTALBE.

Vous ne vous corrigerez donc pas?

DÉLIA.

Je veux encore profiter de mes huit jours... Ah! mon Dieu!... J'entends un pas de ténor dans l'escalier,.. il croit que nous l'avons rappelé, comme à l'Opéra... Fermons la porte, pour éviter les courants d'air.

MADAME DE FONTALBE.

Délia, ne touchez ni aux portes ni aux fenêtres.

SCÈNE VII

MADAME DE FONTALBE, DÉLIA, MAURICE.

MAURICE, entrant avec précipitation.

Pardon, madame, j'ai oublié mon livre chez vous.

DÉLIA s'assoit pour broder.

Son livre de défrichement.

MAURICE, cherchant le livre et le prenant sur la table.

Le voici... quel bonheur!... je croyais l'avoir perdu!... un exemplaire unique! Je saisis cette occasion, madame, pour vous faire mes adieux...

MADAME DE FONTALBE, saluant sans regarder.

Monsieur...

MAURICE, après une fausse sortie.

J'espère, madame, que vous ne garderez aucun fâcheux souvenir d'une scène si déplorable...

MADAME DE FONTALBE.

Monsieur, j'avais déjà tout oublié.

MAURICE, après une fausse sortie.

Ah! je venais vous dire aussi que mon valet de chambre est parti par le premier convoi.

MADAME DE FONTALBE.

C'est bien, monsieur.

DÉLIA, à part.

Et moi, je pars par le second... Laissons-les seuls. (Elle s'esquive sur la pointe des pieds.)

MAURICE.

Ah! j'oubliais encore!... Madame, j'ai un petit service à vous demander.

MADAME DE FONTALBE.

Parlez, monsieur...

MAURICE.

Un service qu'on ne se refuse pas entre voisins... Si demain et jours suivants des acheteurs se présentent pour ma maison, me permettez-vous de laisser mes clefs à votre jardinier... afin que... ?

MADAME DE FONTALBE.

Je lui donnerai mes ordres.

(Maurice s'incline respectueusement et sort.)

SCÈNE VIII

MADAME DE FONTALBE, seule.

Ah! mon Dieu! dans quel négligé de matin j'ai été surprise! (Courant à son miroir.) Ma coiffure fait peur!... Un miroir ne se trompe jamais!... Les femmes de chambre qui parlent trop bien coiffent très-mal... il faudrait toujours avoir Mariton sous la main!... Oh! qu'une femme serait heureuse, si elle pouvait secouer la tyrannie de sa femme de chambre! (Elle pirouette devant son miroir.) Ce n'est pas au moins que je me soucie de ce jeune homme!... un inconnu!... Cependant il faut être juste, il mériterait d'être connu... et je m'avoue tout bas, de peur de m'effrayer, que cet inconnu est charmant... (Elle regarde sa robe.) Une robe de la dernière saison!... On a beau dire : *A la campagne comme à la campagne...* proverbe stupide, comme tous les proverbes que les femmes n'ont pas faits... A la campagne comme à la ville... voilà le bon... Heureusement, ce jeune homme est économiste... (Devant son miroir.) Les économistes ne regardent pas les femmes. Ils sont absorbés par les livres... Bon! voilà sur mon corsage trois plis qui sautent aux yeux comme trois fautes d'orthographe!... Les couturières sont bien criminelles quelquefois... (Revenant à son miroir.) Il me semble que je suis pâle! (Maurice entre.) A sept heures du matin, la pâleur ne fait pas trop mal... C'est le teint de la distinction... (Apercevant Maurice dans le miroir.) Ah! monsieur!...

SCÈNE IX

MADAME DE FONTALBE, MAURICE.

MAURICE.

Je ne suis pas sorti. Pardon, madame, je n'ai pas trouvé la porte; je me suis égaré dans l'escalier.

MADAME DE FONTALBE.

Ma maison est bâtie exactement sur le modèle de la vôtre.

MAURICE, feignant, sur ce mot, de s'échauffer tout à coup.

Ah! madame, au nom du ciel, ne me parlez pas de ma maison!... Une maison que j'ai achetée, il y a un mois et demi, soixante-trois mille francs, dans l'étude de maître Ardisson.

MADAME DE FONTALBE.

C'est mon notaire aussi.

MAURICE.

Tiens! comme cela se rencontre!... nous avons le même notaire!... un homme charmant...

MADAME DE FONTALBE.

Je n'ai eu qu'à me louer de lui.

MAURICE.

Très-loyal en affaires... Il m'a vendu trois immeubles à la fin de l'hiver dernier, et, si quelque chose avait pu me consoler de mes malheurs, j'aurais trouvé cette consolation en touchant cinq cent trente mille francs quatre-vingt-sept centimes de trois maisons qui ne valaient pas le quart de cette somme lorsque feu mon père les acheta.

MADAME DE FONTALBE.

Monsieur n'a donc pas subi des malheurs de fortune?

MAURICE.

Oh! des malheurs d'argent, ce sont des malheurs heureux! Les miens appartiennent à une autre espèce... ils sont malheureux.

MADAME DE FONTALBE.

Des malheurs politiques?... Monsieur a échoué dans une élection?

MAURICE.

Oui, madame... je n'ai pas été élu.

MADAME DE FONTALBE.

Dans votre arrondissement?

MAURICE.

Dans le deuxième...

MADAME DE FONTALBE.

Vous étiez candidat?

MAURICE.

Candidat d'une belle veuve; j'ai échoué à son élection... Il me fallait deux voix; je n'en ai eu qu'une... la mienne!

MADAME DE FONTALBE.

Et vous ne vous remettez plus sur les rangs?

MAURICE.

La belle veuve a été pervertie par une gravure d'Artémise, elle reste fidèle à l'ombre de son mari.

MADAME DE FONTALBE.

Et c'est elle qui vous a signifié...?

MAURICE.

Elle ne m'a pas même honoré d'un refus verbal. Je ne lui ai jamais parlé... Pardon, madame, si je vous donne ces détails oiseux; mais vous avez paru vous intéresser à mes infortunes, et je vous ai fait une confidence qui n'aurait jamais dû sortir de mon cœur.

MADAME DE FONTALBE.

Il est très-rare, dans notre siècle, de voir des passions généreuses, un jeune homme se sacrifier ainsi pour une femme inconnue! Voilà un modèle qui ne sera pas copié.

MAURICE.

Ne me louez pas, madame, il y avait un intérêt au fond de cette passion. Je suis obligé d'aimer une veuve par contrat passé devant notaire...

MADAME DE FONTALBE.

Ah! voici de l'étrange; cela mérite une explication.

MAURICE.

Madame, j'ai eu le malheur d'avoir un oncle millionnaire, qui s'est marié deux fois, et qui s'en est repenti deux fois. Permettez-moi de taire ses infortunes légitimes. A la fin de ses jours, mon oncle se trouvait deux fois veuf, et il me disait souvent : « La femme, la véritable femme est veuve de sa nature; elle naît veuve. Il se rencontre des maris qui semblent mourir tout exprès pour assurer à une femme cette belle condition. Une veuve sait tout, et, comme elle n'a plus rien à apprendre, elle dédaigne de chercher de l'instruction ailleurs; son expérience paresseuse assure le bonheur domestique de son futur mari, le survivant du défunt. » Comment trouvez-vous cette définition de la veuve par un oncle?

MADAME DE FONTALBE.

Elle ferait bonheur à un neveu.

MAURICE.

Ces détails ne vous paraissent pas trop ennuyeux, madame?

MADAME DE FONTALBE.

A la campagne, on ne s'amuse qu'avec des détails... Pardon, monsieur, j'ai oublié de vous inviter à vous asseoir.

MAURICE.

Madame, je passe toutes mes journées sur un fauteuil; je me repose en restant debout.

MADAME DE FONTALBE.

Et votre oncle a-t-il épousé une veuve en troisièmes noces pour mettre sa théorie en action?

MAURICE.

Le temps lui a manqué, il est mort. Mais, avant de mourir, il m'a nommé son légataire universel, à la condition expresse que j'épouserais une veuve de vingt-quatre ans et au-dessous.

MADAME DE FONTALBE.

Et vous n'avez trouvé qu'une veuve à Paris?

MAURICE.

Oui, madame, une seule, dans un bal, rue d'Anjou Saint-Honoré.

MADAME DE FONTALBE, avec un léger mouvement.

Vous oubliez le numéro.

MAURICE.

Numéro 36... Une veuve qui méritait de l'être; car jamais un mari ne pouvait être digne d'elle. A ce bal, les femmes ne parlaient que de ses diamants; les hommes ne parlaient que de sa beauté. Elle dansait à ravir; elle avait des sourires angéliques, des grâces divines, des regards étoilés. Trente danseurs ont brûlé leurs mains aux dentelles de son corsage, dans les valses et les polkas de toute une nuit. Moi, je me suis perdu, comme un atome, au milieu de cette mêlée délirante ; j'ai respiré les parfums de cette fleur dans l'air enivrant où la musique l'emportait comme une vision d'amour ; j'ai exprimé tout le bonheur d'une vie dans la suavité d'un instant. Je n'ai vu qu'une femme au centre d'un tourbillon de gaze, d'étoffes, de diamants et de fleurs ; j'ai supprimé tout un monde d'adorateurs pour ne voir que l'idole, et le matin, quand le soleil du 13 avril a éteint les bougies du bal et que la vision a disparu, ma nuit a commencé ; Paris est devenu un désert immense. J'étais seul avec mon amour.

MADAME DE FONTALBE, avec un sourire forcé.

Et vous avez oublié la clause du testament de votre oncle ?

MAURICE.

Mais, madame, pour épouser une veuve, il faut le consentement...

MADAME DE FONTALBE.

De la veuve...

MAURICE.

Non, du mari défunt.

MADAME DE FONTALBE, éclatant de rire.

Ah ! j'ignorais cela.

MAURICE.

Vous l'apprendrez quand vous serez veuve.

MADAME DE FONTALBE.

Hélas ! je le suis.

MAURICE, jouant la surprise.

Ah! mon Dieu! qu'ai-je fait? Pardon, madame, excusez-moi...

MADAME DE FONTALBE.

Mais vous n'avez pas besoin d'excuses; vous n'avez pas médit des veuves; au contraire... Ainsi donc, si je voulais me remarier, je serais obligée de demander le consentement à mon mari?

MAURICE.

Entendons-nous, madame; cette demande ne se formule pas en termes ordinaires; on ne fait pas à un mari mort trois sommations respectueuses, avec du papier timbré, par le ministère d'un huissier funèbre; mais une veuve sage se recueille en elle-même, et prie mentalement l'ombre toujours chère d'un mari de vouloir bien ne pas s'irriter, si une pauvre femme cherche à réparer de son mieux le préjudice qu'une mort trop précoce lui a fait subir. Ordinairement, l'ombre ne dit rien... elle consent. La veuve est satisfaite de sa pieuse démarche, et elle répare le préjudice légalement.

MADAME DE FONTALBE.

Ainsi, l'ombre de votre veuve du bal n'a pas consenti?

MAURICE.

Tout juste, vous l'avez deviné.

MADAME DE FONTALBE.

C'est une ombre exceptionnelle.

MAURICE.

Que voulez-vous! j'ai rencontré celle-là. Ma veuve de la rue d'Anjou, après avoir incendié tout un bal, a dit au monde, le lendemain, un adieu éternel.

MADAME DE FONTALBE.

L'éternité d'un adieu n'est pas longue dans la vie des veuves.

MAURICE.

Oh! vous ne connaissez pas ma veuve. J'ai pris des informations : elle a vendu ses chevaux, sa voiture, son hôtel; elle a licencié ses domestiques, son coiffeur, ses fournisseurs, son avocat, son cuisinier, et elle a disparu sur un horizon de chemin de fer. L'ombre n'a pas consenti. Et moi, moi, madame, j'ai quitté Paris pour m'éloigner, non pas d'une foule, mais d'une idée; je me suis enseveli dans ce jardin comme dans une tombe de fleurs, ou un hospice des incurables; et, cherchant un genre de suicide honorable, je me suis lancé dans l'économie politique; je n'en reviendrai pas.

MADAME DE FONTALBE.

Un peu de patience encore... les ombres changent d'avis quelquefois.

MAURICE.

C'est fini. Mon destin est fait. Je vais rentrer dans ma tombe. Adieu, madame.

(Fausse sortie.)

MADAME DE FONTALBE.

Encore un mot, monsieur ; votre tombe vous attendra un instant... Vous m'avez fait une confidence si entremêlée de choses sérieuses et plaisantes, que je ne sais vraiment de quelle façon vous répondre. Dois-je rire ou vous plaindre?

MAURICE.

A votre choix, madame.

MADAME DE FONTALBE.

J'aimerais mieux vous quitter en riant.

MAURICE.

Ah! c'est votre avis?

MADAME DE FONTALBE.

Voyez; tout rit autour de nous : le soleil, les arbres, les fleurs, les pelouses, les collines; il est si doux de rire, quand on est triste, au moins de juin; n'attristons pas cette belle création qui nous environne et nous envoie tous les sourires de Dieu.

MAURICE.

Très-bien, madame! vous l'exigez, nous pouvons nous quitter avec des cris de joie.

MADAME DE FONTALBE.

Oh! je déteste le luxe dans la gaieté. J'aime mieux *le Comte Ory* que *les Rendez-vous bourgeois*.

MAURICE.

Eh bien, je crierai seul; j'aime le luxe, moi. Écoutez, madame... et allons au fait... Vous avez acheté cette maison de Ville-d'Avray le 18 avril dernier, dans l'étude de maître Ardisson.

MADAME DE FONTALBE.

C'est vrai... Comment savez-vous cela?

MAURICE, tirant son portefeuille.

Voici la copie de votre acte.

MADAME DE FONTALBE.

Ah! mon Dieu!

MAURICE.

J'ai pris la première hypothèque sur votre maison... Ne vous effrayez pas... c'est une hypothèque d'amour...

MADAME DE FONTALBE, émue.

Monsieur, revenons au sérieux.

MAURICE.

J'obéis et je suis très-sérieux... Voici un autre acte, passé devant le même notaire, qui me rend acquéreur de ma maison, la maison voisine, la maison de votre prochain. (Tombant à ses pieds.) Vous êtes, madame de Fontalbe, la divine reine du bal du 13 avril. Vous ne pouviez m'oublier, puisque vous n'avez jamais pensé à moi; j'étais l'atome de ce bal; le rayon néglige l'atome; mais, moi, moi, je vous ai donné mon âme, mon cœur, ma fortune, et je ne vous ai rien demandé en échange. Tout donner et ne rien recevoir, c'est ainsi qu'il faut vous aimer.

MADAME DE FONTALBE.

Levez-vous, monsieur.

MAURICE.

Avec un espoir?

MADAME DE FONTALBE.

Vous êtes déjà exigeant?

MAURICE.

Un espoir, c'est si peu de chose; refuserez-vous une aumône?

MADAME DE FONTALBE.

On est avare de la monnaie du cœur.

MAURICE.

Mais vous êtes si charitable, tout le village le dit!

MADAME DE FONTALBE.

Ah! monsieur! monsieur! vous m'avez bien trompée avec vos poses studieuses du jardin! Je vous croyais un homme grave!

MAURICE.

Pardon de vous avoir trompée; j'étais un homme amoureux ; j'attends un de vos sourires comme e rayon de l'espoir.

MADAME DE FONTALBE. (Elle prend un livre dans sa bibliothèque.)

Voici un livre que je consulte toujours dans les affaires graves... C'est un recueil de maximes religieuses et de paraboles.

MAURICE.

Consultez tout, excepté l'ombre.

MADAME DE FONTALBE, ouvrant le livre.

J'ouvre ce livre, et la première ligne me décide... (Elle lit.) *Aimons notre prochain.* (Maurice pousse un cri de joie.) Silence ! point de luxe !

SCÈNE X

Les Précédents, DÉLIA.

(Elle entre tristement, chargée de paquets et de cartons de voyage.)

DÉLIA.

Madame, je ne puis pas attendre les huit jours... je pars avec M. Tony, le valet de chambre de M. Maurice ; il m'a promis de m'épouser.

MAURICE.

Et il tiendra parole. Je vous donne, mademoiselle, une dot de six mille francs, et vous restez tous deux à notre service.

DÉLIA, laissant tomber ses paquets.

Ah ! mon Dieu ! est-ce possible !

MADAME DE FONTALBE.

A condition que vous n'ouvrirez plus les persiennes.

DÉLIA.

Et que je fermerai les portes, c'est compris. (A part.) Voilà la jalousie qui commence.

SCÈNE XI

Les Mêmes, TONY, entrant.

MAURICE, à Tony.

Ah ! c'est toi !

TONY.

Monsieur, je n'ai pas trouvé de place au chemin de fer, tout est pris, et me voilà.

MAURICE.

Tony, tu as commis une grande faute en cueillant un journal sur un vase de géranium. C'est une erreur de botanique inexcusable. Cependant, si madame de Fontalbe te pardonne, je te marie avec mademoiselle Délia.

TONY, à madame de Fontalbe.

Madame, veuillez bien me pardonner une faute que mon maître a commise par mes mains.

MADAME DE FONTALBE.

Il y a des fautes heureuses. (Montrant Délia.) Voilà la récompense de la vôtre ; c'est mieux qu'un pardon.

MAURICE, à Délia.

Connaissez-vous la mairie de Ville-d'Avray?

DÉLIA.

La mairie ! toutes les jeunes filles en savent le chemin, dans tous les pays... Première rue à droite, seconde à gauche, troisième à droite, maison du drapeau.

MAURICE.

J'y vais de ce pas.

DÉLIA.

Pour moi?

MAURICE.

Pour nous.

MADAME DE FONTALBE, à Maurice.

N'oubliez pas l'église en passant.

LE
CHATEAU EN ESPAGNE

COMÉDIE EN UN ACTE, EN VERS

Représentée à Paris, sur le théâtre de l'hôtel Castellane.

PERSONNAGES :

Le baron DE SAINVAL, 50 ans.
FERDINAND D'ALBY, 21 ans.
CASIMIR DE GERSAY, 24 ans.
Mme DELPHINE DE SAINT-OMER, jeune veuve, 22 ans.
CŒLINA D'ALBY, ingénue, 18 ans.

La scène se passe sur la frontière d'Espagne en 1832.

LE
CHATEAU EN ESPAGNE

Le théâtre représente un salon de vieux château. Pavillon à droite et à gauche, avec portes et croisées, les croisées s'ouvrant sur la rampe. Porte au fond. Table avec papier, encrier et plumes. Deux flambeaux éclairent le salon.

SCÈNE PREMIÈRE

M. DE SAINVAL, FERDINAND, DELPHINE, CASIMIR, déguisé en domestique. Il porte un carton qu'il dépose devant le pavillon à gauche.

M. DE SAINVAL.

Et pas un pistolet!... un pistolet de poche...
Ou seulement d'arçon...

(Il court à un cordon de sonnette et sonne.)

DELPHINE, à Ferdinand.

Sans peur et sans reproche,
Mon féal chevalier, donnez-moi votre main...

FERDINAND, avec tendresse.

Ce soir, reconnaissante, oublieuse demain!...

DELPHINE.

C'est une tyrannie!

FERDINAND.

Oui, je vous persécute,
Et vous suivrai partout.

DELPHINE.

Mais trêve une minute...

M. DE SAINVAL, arrivant du fond, où il causait avec Casimir.

Comment te trouves-tu, ma nièce?...

DELPHINE.

Moi? Fort bien.
Je suis une amazone.

M. DE SAINVAL.

Oui, vrai, tu ne crains rien.
Ma nièce, moi qui suis un homme, et qui me vante
D'être assez brave, eh bien, ce château m'épouvante.

DELPHINE.

Ce château!... Son aspect nous a rendus contents,
Et c'est la Providence ouverte à deux battants.

FERDINAND.

Oh! ce n'est pas le cœur, c'est l'argent qui nous manque.

M. DE SAINVAL, ouvrant son portefeuille.

Les voleurs m'ont laissé quelques billets de banque.

DELPHINE.

A moi, deux diamants!... voyez!... les plus jolis.

CASIMIR.

Jamais on ne verra de brigands plus polis.
Moi, valet indigent, je n'avais pour ressource
Que douze francs, perdus au fond de cette bourse
Les voleurs sont restés quelque temps indécis
Et, voyant mon chagrin, ils m'en ont rendu six.

M. DE SAINVAL.

Je vous l'avais bien dit : ces noires Pyrénées
Sont pleines de voleurs depuis quelques années !...
Mais Delphine a voulu partir avant le jour.

DELPHINE.

Moi, j'aime les brigands, mon oncle !

M. DE SAINVAL.

Triste amour !...
Or çà, verbalisons. Rédigeons notre plainte.
Nous sommes à l'abri, je crois, de toute crainte
Dans ce château; je vais, en mon nom seulement,
Rédiger un rapport, c'est fait en un moment.
Écrivons. Casimir sera mon secrétaire;
Avant d'être valet, il fut clerc de notaire;
Il saura travailler ma requête, et, demain,
Nous verrons nos bandits pendus au grand chemin.

CASIMIR. (Il s'assoit devant la table.)

Voulez-vous bien dicter?

M. DE SAINVAL.

Non, fais la procédure
A ta guise, et j'appose au bas ma signature.

CASIMIR.

Est-ce au corrégidor, à l'alcade ?...

M. DE SAINVAL.

Je crois
Que c'est à l'alguazil qu'on parle...

CASIMIR.

A tous les trois.

M. DE SAINVAL.

Bien !...

CASIMIR, écrivant.

« A l'autorité militaire et civile... »

M. DE SAINVAL.

Encor mieux.

CASIMIR, écrivant.

« Résidant à la première ville.
Aujourd'hui, quinze juin mil huit cent trente-deux,
A dix heures du soir, quatre brigands hideux,
Qu'on nous disait pendus depuis nombre d'années,
Et qui, depuis leur mort, vivent aux Pyrénées,
Une escopette en joue, un stylet à la main,
Arrêtant par le bois et par le grand chemin,
Dans un étroit vallon, formé par deux collines,
Ont, au mépris des lois, arrêté deux berlines
Appartenant à moi, voyageur soussigné...
De ce grand attentat, justement indigné,
J'implore sur-le-champ votre haute justice;
Je veux faire un procès qui partout retentisse
Et serve de leçon et d'exemple aux bandits,
Soit de France ou d'Espagne, et surtout aux susdits...
Ce qu'attendant, je mets entre vos mains ma cause.
La présente, monsieur, n'étant pour autre chose,
De votre tribunal, je suis, en finissant,
Le serviteur très-humble et très-obéissant. »

DELPHINE.

Un huissier ne ferait pas mieux.

FERDINAND.

Oui, c'est le style.

M. DE SAINVAL, signant la plainte.

Le style officiel... Tu vois qu'il est utile,

Ma nièce, d'amener toujours, en voyageant,
Un domestique instruit...

CASIMIR.

Vous êtes obligeant.

M. DE SAINVAL, à Ferdinand.

Mon cousin Ferdinand, vu ce danger, je pense
Que ta sœur a bien fait de demeurer en France.
Oh! cette sœur n'est pas un dragon comme toi,
Ma nièce, elle serait déjà morte d'effroi.

(Sonnant.)

Ah çà! voilà bientôt une heure que je sonne!

FERDINAND.

Sonnez toujours...

CASIMIR.

Sonnons!

DELPHINE.

Ils dorment tous...

M. DE SAINVAL.

Personne!

(Emmenant Casimir.)

Allons sonner partout.

(M. de Sainval et Casimir sortent par le fond.)

SCÈNE II

DELPHINE, FERDINAND.

FERDINAND.
>De vos jours j'ai pris soin;

Le péril est passé; les bandits sont bien loin;
Nous sommes arrivés en lieu sûr, et je pense
Qu'un jour mon dévoûment aura sa récompense.

DELPHINE.

Oh! je ne saurai pas reconnaître à demi
Un service rendu... vous serez mon ami.

FERDINAND.

Voilà tout!... c'est bien peu...

DELPHINE, riant.
>Mon Dieu! que puis-je faire,

Pour n'être pas, ce soir, ingrate?

FERDINAND.
>Je préfère

Être votre ennemi, madame, en ce moment;
J'aurai du moins l'espoir d'être un jour votre amant.

DELPHINE.

Faut-il vous répéter cent fois la même chose?
Oui, je suis veuve et libre; oui, de moi je dispose...
Et c'est pour conserver ma liberté toujours
Que je ferme le cœur et l'oreille aux amours.
J'ai l'esprit romanesque. Au printemps de mon âge,
Je veux vivre à ma guise : il faut que je voyage.
Un époux blâmerait ce penchant favori.

Mon cher oncle Sainval me tient lieu de mari;
Mais il sait applaudir mes goûts; il m'accompagne,
Comme vous le voyez, cette nuit, en Espagne,
Et, malgré ces bandits qu'il rencontre en chemin,
Sa gaîté d'aujourd'hui lui reviendra demain.
Si j'avais un mari, Dieu sait quelle colère
Maudirait ce voyage entrepris pour me plaire!...
Voyez mon oncle : il sonne, en riant, le tocsin.
Tantôt, il a failli tuer son assassin.
S'il avait seulement eu son couteau de chasse!
Brave et soumis!... Mettez un époux à sa place :
Il aurait envoyé deux avocats français
A Madrid pour finir en quinze ans mon procès,
Et je l'aurais perdu. Moi, je quitte la France
Pour surveiller ici ma fortune en souffrance,
Pour plaider s'il le faut; mais je sème l'argent;
Je prends tous les plaisirs qu'on trouve en voyageant;
Ce chemin du procès, que mon époux morose
Ferait si noir, pour moi n'est qu'un chemin de rose.
Je vais voir le pays du joyeux fandango;
L'Espagne de Le Sage et de Victor Hugo;
L'Espagne des Gusman, du Cid, des princes maures;
Des palmiers, des jasmins, des pins, des sycomores;
L'Espagne que toujours ma jeunesse rêva;
L'Espagne des Rosine et des Almaviva.
Après avoir joui, dans mille promenades,
De ces nuits de parfums, de bals, de sérénades;
Des romances du Cid, du chant des rossignols,
Grave, j'irai trouver mes juges espagnols,
Apportant mon dossier, volumineux mémoire,
Dont le diable Asmodée a dicté le grimoire.
En gagnant mon procès, je voyage à loisir;
Si je le perds, eh bien!... j'ai gagné du plaisir.

FERDINAND.

C'est un plan admirable !... Oui, madame, je n'ose
Dérober une fleur à ce rêve de rose.
Un jeune époux...

DELPHINE.

         Encore !... Étourdi voyageur !...
Enfant !... hier, hier, vous n'étiez pas majeur !...
Vous prîtes, l'autre jour, avec vos camarades,
A l'École de droit, le dernier de vos grades !
Vieillissez donc un peu ; pour être époux, il faut
Du bon sens ; la jeunesse est un trop grand défaut.

FERDINAND, avec gravité.

Alors, rassurez-vous : soit dit sans badinage,
Je puis me corriger en avançant en âge.
Voyez comme je suis grave dans mes travaux !
Permettez que je sache au moins ce que je vaux.
J'ai les goûts d'un rentier ; j'aime la solitude ;
Des grands projets du jour je fais ma seule étude.
Haine aux frivolités !... J'écris dans les journaux,
Sur le gaz, sur les fonds, la vapeur, les canaux ;
Et, si je ne sentais bouillonner en mon âme
Mes vingt ans orageux, quand je vous vois, madame,
En consultant mes goûts sur la science et l'art...
Je taillerais déjà mon bâton de vieillard.
Le siècle est sérieux ; les plus graves idées
N'abondent pas toujours dans les têtes ridées.
A vingt ans, aujourd'hui, malgré les envieux,
Nous avons le plaisir et l'honneur d'être vieux.

DELPHINE.

Hypocrite !... prenez les allures du sage...
A travers votre masque, on voit votre visage...

FERDINAND.

Madame...

DELPHINE, se retournant au bruit.

Chut!...

(A Sainval.)

Ici, qui dirait, à nous voir,
Que des bandits nous ont assassinés ce soir?

SCÈNE III

Les Mêmes, M. DE SAINVAL, CASIMIR.

M. DE SAINVAL.

As-tu fait quelquefois des châteaux en Espagne,
Delphine?...

DELPHINE.

Moi? Souvent.

M. DE SAINVAL.

Ce soir, dans la campagne,
Là-bas, quand nous marchions, au hasard, l'œil ouvert,
Pour distinguer un toit qui nous mit à couvert,
De poussière, d'effroi, de chaleur étouffée,
N'aurais-tu pas construit quelque château de fée,
Comme on en trouvait tant aux siècles fabuleux,
Et qui n'existent plus que dans les contes bleus?

DELPHINE.

Oui, mon oncle. Tantôt, là, dans le vestibule,
Je rêvais, en marchant, comme une somnambule.

Il me semblait qu'un sylphe, artiste complaisant,
Bâtissait un château pour m'en faire présent,
Et m'apportait du ciel, sur ces terrestres rives,
Un pâté froid, suivi d'un bon salmis de grives :
Deux mets selon mes goûts ; car la main du bandit
M'a tout ôté, ce soir, excepté l'appétit.

M. DE SAINVAL.

O mystère infernal!... Eh bien!... ma chère nièce,
Ton rêve s'est bâti ce soir tout d'une pièce !
Les châteaux en Espagne existent quelquefois...
J'en tiens un sous la main... c'est celui que tu vois.

DELPHINE.

Ce château?...

M. DE SAINVAL.

        Ce château ! Dieux ! quels maîtres honnêtes!
J'ai cassé les cordons de toutes les sonnettes,
Personne n'a paru dans les appartements.

(Désignant Casimir.)

Il était avec moi... Demandez si je mens.

CASIMIR.

Oh! vous accusez vrai !...

M. DE SAINVAL.

        Ce château fantastique
Ne nous a pas montré l'ombre d'un domestique,
L'ombre d'un revenant, l'ombre d'une ombre enfin.
Mais nous avons de quoi contenter notre faim.
Ma nièce, rendons grâce à l'invisible maître ;
Il a compris ton rêve, et je puis te promettre
Pâté froid et salmis...

DELPHINE.

Tant mieux!... nous souperons!...
Les maîtres du château sont dans les environs!...

FERDINAND.

Probablement.

CASIMIR

Il faut aller voir dans la plaine
Si notre châtelain ou notre châtelaine
Respire la fraîcheur avec nos cuisiniers;
Car il fait beau, ce soir, sous les grands marronniers.

DELPHINE, à Ferdinand.

Où donc avez-vous pris ce valet?...

FERDINAND.

Qu'il est grave!

M. DE SAINVAL.

Il vaut bien mieux chercher le chemin de la cave;
J'y cours; nous allons tous faire un souper divin.
Alicante et Xérès nous fourniront le vin.
Soupons d'abord, et puis viendront les commentaires
Sur le château d'Udolphe et ses sombres mystères!

FERDINAND.

Je suis de cet avis; mon cousin a raison.
Pourquoi nous occuper du chef de la maison?
Fantôme ou châtelain, il est peu redoutable
S'il nous permet, ce soir, de manger à sa table.

DELPHINE.

Oh! comme je suis faite! Avant souper, je veux
Rajuster ma toilette et natter mes cheveux!

FERDINAND, ouvrant la porte du pavillon à gauche.

L'attention du sylphe est charmante et complète...
Entrez ; voici, madame, un salon de toilette !

(Delphine prend le carton et entre.)

M. DE SAINVAL.

Aux fourneaux souterrains, moi, je vais faire un tour.
Nos cuisiniers, peut-être, y seront de retour.

(Il sort par le fond.)

SCÈNE IV

CASIMIR, FERDINAND.

(Ils se regardent quelque temps les bras croisés en comprimant des éclats de rire.)

CASIMIR.

Que je t'embrasse, ami !... Vive toi !... ma parole !...
Comme un vieux comédien tu sais jouer un rôle.

FERDINAND.

Ouf !... que la gravité me pèse !...

CASIMIR.

Enfant léger !
Comme tu te fais lourd...

FERDINAND, courant çà et là.

Laisse-moi voltiger.
Laisse-moi rire un peu. Profitons, le temps presse ;
Je crains de devenir un sage de la Grèce,
En conservant ce ton quelques heures par jour.
Laisse-moi respirer.

CASIMIR.

Et comment va l'amour ?

FERDINAND.

Mal ! Si je n'obtiens rien avant demain, j'oublie
Ma sagesse, et je fais quelque trait de folie...
Dans les champs altérés que le Tage arrosa
Je vais vivre en bandit, en Salvator Rosa.
Je brûle ce château ; puis, dans ma vie errante,
Je dévore en six mois cent mille écus de rente ;
J'arrête, au grand chemin, tout piéton indigent,
L'arme au poing... et le force à prendre mon argent.

CASIMIR.

Bien !... très-bien raisonné !...

FERDINAND.

Mon bonheur m'importune !...
Je suis, depuis un mois, étouffé de fortune.
Je puis faire rouler dans ce long corridor,
Comme un bras du Pactole, un petit fleuve d'or !
Je puis, si j'en avais l'ardente fantaisie,
Acheter, au comptant, tous les sérails d'Asie :
Pour moi, cela n'est rien... Mon oncle, mon cousin,
Un jour, pour mon malheur, s'est posé mon voisin,
Et vient me révéler, dans un coin de Bayonne,
Cette femme !... cet ange !... étoile qui rayonne,
Fleur qui parfume tout, démon qu'on fuit en vain,
Qui toujours me poursuit de son rire divin,
Qui dore tous mes pas, ma nuit et ma veillée
Avec un seul rayon de sa robe émaillée,
Qui brûle mon regard de l'éclat de son teint,
Et laisse à mon oreille un son que rien n'éteint...
Oh ! je l'épouserai !... Que m'importe mon âge !
L'amour n'est-il pas fils d'un jeune mariage ?

Une épouse devient, pour l'époux de vingt ans,
Maîtresse légitime ; on peut l'aimer longtemps ;
On peut l'aimer toujours. Quand l'habitude est prise
De bonne heure, il n'est pas de dégoût qui la brise.
L'habitude fait tout. Soit dit sans vanité,
J'ai de l'amour au cœur pour une éternité.

CASIMIR.

O Caton de vingt ans !... oracle du Portique,
Bien plus grand à mes yeux qu'un philosophe antique !
Car les sages de Grèce, environnés d'appas,
Ces fous graves, mon cher, ne se mariaient pas !
Platon, le grand Platon, mourut célibataire !
Donne aux contemporains l'exemple salutaire
D'un jeune homme, d'un fou qui renonce, à vingt ans,
Aux plaisirs orageux des libertins du temps,
Et n'attend pas de voir sa jeunesse fanée
Pour couvrir de glaçons l'autel de l'hyménée.
Il est un préjugé qui fait beaucoup de tort
Au bon sens : on le croit ennuyeux à la mort ;
On donne à la sagesse un tel air de trappiste
Que chacun s'en dégoûte, en la voyant si triste ;
Mais on pourrait citer vingt sages d'Orient
Qui cultivaient entre eux la sagesse en riant.
Imitons-les ; parlons de la plus grande chose
En voilant chaque mot d'une feuille de rose.
Notre sexe égoïste, un jour, sans examen,
Se vota galamment le code de l'hymen.
Un homme peut, selon la coutume française,
Prendre, à quatre-vingts ans, une épouse de seize ;
C'est fort, mais on l'a vu. L'hymen est assorti
Si la femme a vingt ans de moins que son mari.
Il est bien convenu qu'en entrant dans le monde,

Nous pouvons tous jouer le rôle de Joconde,
Commencer et finir une intrigue par jour,
Et du Nord au Midi promener notre amour;
C'est encor notre droit... Puis, quand l'âge nous laisse
Quelques tièdes hivers au seuil de la vieillesse,
Nous savons nous donner d'excellentes raisons
Pour réformer nos mœurs... Alors nous épousons.
Telle est la loi gravée au bulletin des modes.
Les hommes se sont fait toujours des lois commodes.
Abrogeons-les!... Il est un remède à ces maux.
Si l'Amour et l'Hymen sont deux frères jumeaux,
Entre deux mariés égalisons les âges;
Formons-nous de bonne heure aux vieilles mœurs des sages.
Toi, donne un grand exemple après cette leçon.
Moi-même, je rougis d'être encore garçon.

FERDINAND.

Mais tu suivras bientôt mon exemple, j'espère,
Si tu vas épouser ma sœur.

CASIMIR.

     Oui, mon beau-frère!...
Or, hâtons-nous!... prenons le mariage au vol,
Et ramenons en France un amour espagnol.

FERDINAND.

Bravo!... Pour ce projet, tu le vois, je n'oublie
Ni dépense, ni soins, ni bon sens, ni folie;
Cet amant espagnol, qui, privé de raison,
Pour gagner sa maîtresse, a brûlé sa maison,
Est mon patron, mon guide et mon heureux modèle.

(On entend du bruit dans le pavillon.)

Mais chut!... n'ayons pas l'air de nous occuper d'elle.

(M. de Sainval entre et dépose sur une table un pâté et quelques plats.
Au même moment, Delphine sort du cabinet.)

SCÈNE V

LES MÊMES, M. DE SAINVAL, DELPHINE.

DELPHINE.

Ce boudoir est charmant!... d'honneur! c'est un bijou
De palissandre, d'or, d'ébène, d'acajou!...
Les spectres de minuit, dans le siècle où nous sommes,
Font des progrès, ils sont galants comme des hommes.

M. DE SAINVAL, à Delphine.

Oui... voilà le pâté que je t'avais promis.
C'est le premier service. Après vient le salmis.
Deux plats réels... tu vois, ce n'est point un mensonge.

DELPHINE.

C'est merveilleux vraiment!... rien ne manque à mon songe.

M. DE SAINVAL.

Mettons notre couvert; aidez-moi, Casimir.
Ferdinand, soupons vite, et puis allons dormir.

CASIMIR.

J'ai découvert aussi, dans le fond d'une armoire,
Deux flacons d'alicante, et nous allons les boire.

(Il court les chercher au fond et rentre aussitôt.)

M. DE SAINVAL.

Asseyons-nous; je meurs de faim, de soif...

(Apercevant Casimir, qui s'assoit cavalièrement à son côté.)

                        Eh bien!...

CASIMIR.

Chacun a son couvert ici; j'ai pris le mien.

Il faut savoir, monsieur, céder aux circonstances;
Le malheur a toujours rapproché les distances.

M. DE SAINVAL.

Et qui nous servira?

CASIMIR.

Nous nous servirons tous :
Le service sera plus rapide et plus doux.

FERDINAND.

Laissez faire, cousin, laissez...

M. DE SAINVAL, un verre à la main.

A la bonne heure!...
Je bois au châtelain, roi de cette demeure!...

(On entend un accord de harpe et de cor.)

Si j'étais un peureux, j'aurais quelques frissons...
Dans l'autre appartement, qu'ai-je entendu?...

DELPHINE, émue.

Des sons!...

CASIMIR.

Erreur!... c'est un écho de la voix de madame.

FERDINAND.

Je n'ai rien entendu, quant à moi...

M. DE SAINVAL.

Sur mon âme!...
Je ne me trompe point...

(Silence. On écoute.)

Cela revient encor;
C'est le duo lointain d'une harpe et d'un cor.

FERDINAND.

C'est une illusion...

M. DE SAINVAL.

Rassure-toi, Delphine!...

CASIMIR.

Je n'entends rien; pourtant, j'ai l'oreille bien fine!

(Les sons se rapprochent.)

M. DE SAINVAL.

Pour le coup, cette fois...

FERDINAND.

Oh! cette fois, j'entends,
Je connais même l'air... oui...

DELPHINE.

Mesure à trois temps.

M. DE SAINVAL.

Une valse!...

CASIMIR.

Valsons!...

M. DE SAINVAL.

C'est là, dans la muraille.

CASIMIR.

Permettez que je prenne une aile de volaille;
Car ceci devient grave, et je veux être fort
Pour écouter, sans peur, la valse de la mort.

M. DE SAINVAL.

Je n'ai plus faim!...

DELPHINE.

J'ai peur... vraiment... oui, je frissonne.
Il faut partir !...

M. DE SAINVAL.

Partons !... Moi qui ne crains personne,
Je crains les revenants ; c'est un faible...

(Il court à la porte du fond.)

FERDINAND.

Partons !...

(Tous se lèvent, excepté Casimir.)

M. DE SAINVAL, trouvant la porte fermée.

Ciel !... la porte est fermée à quatre tours...

CASIMIR.

Restons !...

DELPHINE.

Il faut se résigner...

M. DE SAINVAL, à Delphine.

Tu resteras ?...

DELPHINE.

Sans doute !...
C'est le premier moment de peur que je redoute.
Ce moment est passé, mon oncle ; maintenant,
Voyons ce que de nous fera le revenant.
Si la fuite est fermée, et s'il n'est point de porte
Pour sortir, le meilleur est d'avoir l'âme forte,
De manger ce repas qu'un fantôme me sert,
Et, s'il n'est pas mauvais, d'applaudir son concert.

M. DE SAINVAL.

C'est vrai!... montrons du cœur...

(On entend une harpe; c'est le prélude de la romance de *Guillaume Tell* : *Sombre forêt*, etc.)

DELPHINE.

La harpe recommence...

C'est du *Guillaume Tell !*

CASIMIR.

Bon goût!...

DELPHINE.

C'est la romance.

(Une voix chante dans la coulisse : *Sombre forêt*, etc. Les personnages de la scène écoutent en silence. Casimir continue son repas et marque la mesure avec son couteau.)

FERDINAND, après le dernier couplet et avec exaltation.

Je pairais mille francs ma stalle à ce balcon...
Elle chante aussi bien que Dorus ou Falcon.

DELPHINE.

Chut, monsieur!...

CASIMIR, à Ferdinand.

Chut, monsieur!...

M. DE SAINVAL, lançant un regard sévère à Casimir.

Voyez quelle insolence!

CASIMIR.

Voici l'autre couplet. Chut, au balcon! Silence!

(La voix chante le deuxième couplet, après lequel Casimir applaudit.)

Brava! brava!... bis! bis!...

FERDINAND.

Quelle divine voix!...

CASIMIR.

Qu'elle doit être belle aussi, car je la vois !

FERDINAND.

Avez-vous entendu ?... Que de chaleur ! que d'âme !

M. DE SAINVAL.

Étonnante, vraiment !

FERDINAND.

Qu'en dites-vous, madame ?...

DELPHINE, d'un air piqué.

Elle chante assez bien pour une ombre...

FERDINAND, courant en délire vers la porte du pavillon de droite.

Merci !...
Prima donna charmante, ensevelie ici !...

DELPHINE.

Allons !... voilà le fou qui part...

FERDINAND.

J'irai sous terre
Pour sonder jusqu'au bout cet étrange mystère.

M. DE SAINVAL.

Calme-toi, mon cousin... .

CASIMIR.

Oui, monsieur, calmez-vous,
Et venez achever le festin avec nous !...

FERDINAND.

Je n'ai plus faim : brisez mon assiette et mon verre !
Je suis au ciel, mon âme abandonne la terre !

(Secouant la porte de droite.)

Ouverte !...

CASIMIR.

Venez donc, ô monsieur Ferdinand!...
Attendez, avec nous, le matin, en dînant!...

FERDINAND.

Oui, voilà de ces voix que je cherche en Europe;
Je connais le talent, je veux voir l'enveloppe!...

DELPHINE, à Sainval, qui feint de vouloir arrêter Ferdinand.

Laissez ce jeune fou!...

FERDINAND.

Lutin délicieux!...
Je te suis dans l'enfer, si tu n'es pas aux cieux!

(Il se précipite dans le pavillon de droite.)

SCÈNE VI

M. DE SAINVAL, DELPHINE, CASIMIR.

M. DE SAINVAL.

Faut-il le suivre?

CASIMIR, se levant.

Non... c'est une tête folle,
Qui depuis quelques jours avait changé de rôle,
Avait pris un air grave, et, je ne sais pourquoi,
Avait voulu me faire à son image, moi!...
La première équipée offerte à son passage,
Voyez, a fait tomber son masque de faux sage!...
Oh!... que je le connais!... Quand il est grave, il ment;
Aujourd'hui, ce garçon est dans son élément.
J'ai longtemps employé raison ou badinage
Pour amortir en lui la fougue du jeune âge;

Mais, demain, fatigué de cette mission,
Je lui remets mon compte et ma démission.

DELPHINE.

Dites... sommes-nous bien éveillés?... Il me semble,
A voir ce que je vois, que nous rêvons ensemble.

M. DE SAINVAL.

C'est l'insomnie... Écoute!... entre dans ce boudoir,
Et tâche de dormir, enfant...

DELPHINE.

     J'ai peu d'espoir
De dormir cette nuit... je souffre de la tête...
Ou, si l'on veut partir... qu'on parte... je suis prête.

M. DE SAINVAL.

Pour partir à présent, je suis fort peu dispos...
Moi...

DELPHINE, ouvrant la porte à gauche.

  Je vois un fauteuil... c'est un lit de repos,
Là, j'attendrai le jour...

M. DE SAINVAL.

     Oui, ça doit te remettre;
Je veillerai pour toi, tu dormiras peut-être...
Casimir doit rester ici...

CASIMIR.

    Quelle bonté!...
Je veille en achevant une aile de pâté.

DELPHINE, inquiète, sur le seuil de la porte.

Mon oncle, il tarde bien...

M. DE SAINVAL.

    Qui?...

DELPHINE.

Lui!...

M. DE SAINVAL.

Que nous importe!...
Je n'aime pas les fous!... Allons, ouvre la porte.

(Il entre avec Delphine.)

SCÈNE VII

CASIMIR, seul, se levant de table.

Enfin, nous la tenons!... Que de ruses il faut
Pour donner à la veuve un mari sans défaut!...
Un mari jeune, beau, d'une richesse immense!...
Les hommes quelquefois sont frappés de démence :
Celui-ci risque tout, repos, richesse... honneur...
Pour forcer une femme à subir le bonheur.
Dans les femmes du globe, enfin, il en est une
Qui ferme obstinément sa porte à la fortune.

SCÈNE VIII

CASIMIR, FERDINAND.

FERDINAND, paraissant mystérieusement à la porte entr'ouverte à droite, et à voix basse.

Casimir!...

CASIMIR, à voix basse.

Ah!... c'est toi!... Chut!... l'affaire va bien!...
De ce que nous dirons elle ne perdra rien.

FERDINAND, entrant en scène.

Est-elle soucieuse, enfin?...

CASIMIR.

Ton équipée,
Si je ne fais erreur, l'a fort préoccupée...
Elle est là !...

FERDINAND.

Bien !... dort-elle ?...

CASIMIR.

Une femme, dormir
En pareil cas ?... Oh! non !...

FERDINAND.

Écoute, Casimir...
Pousse de longs soupirs, là, devant cette table,
Et fais un monologue en style lamentable.

CASIMIR.

Je comprends... Que dirai-je?

FERDINAND.

Eh !... du vieux, du nouveau,
Tout ce qui tombera dans ton vaste cerveau.

CASIMIR, après plusieurs soupirs et à haute voix.

Il ne vient pas !... J'attends !... j'attends !... Folle jeunesse !...
Encore, s'il paraît avant que le jour naisse !...
Oh !... qui pourrait me dire en quel secret recoin
Il vit ?... Fort près, peut-être, et peut-être bien loin !...
(La croisée du petit pavillon s'ouvre, et Delphine paraît avec précaution et écoute. Casimir, bas à Ferdinand.)
Aimes-tu mon début ?...

FERDINAND.

Pas trop... mais continue...
Descends dans les enfers, et perds-toi dans la nue...
Vise à l'effet !...

CASIMIR, bas.

Suffit !

(Haut.)

Pauvre enfant !... jeune fou !...
En ce moment, peut-être, il erre, Dieu sait où !...
Lui, noble et confiant, plein de feu, mais timide,
Il suit, comme Renaud, quelque nouvelle Armide,
Ou bien quelque Andalouse au teint bruni, qui sort
De Barcelone à l'heure où tout le monde dort ;
Quelque fée aux doux bras, amante souveraine,
Qui le ravit encor de sa voix de sirène,
Se penche à son oreille et lui dit : « Viens ! allons
Écouter ce que dit le torrent aux vallons ;
Respirer ce qu'exhale au jardin que j'arrose
La fleur qui fait aimer : le jasmin ou la rose ;
Puis, sous l'acacia qui chante aux environs,
Mes cheveux dans les tiens, nous nous endormirons. »

FERDINAND, bas.

C'est très-bien !... va toujours ; va donc !...

CASIMIR, bas.

Mon camarade,
Parle à ton tour, je suis à bout de ma tirade...

FERDINAND, bas.

Pousse un grand cri de joie !...

CASIMIR, haut.

Ah ! mon cher Ferdinand !
Tu t'es donc échappé des mains du revenant ?

FERDINAND.

Ami, je viens du ciel ; j'ai rencontré mon rêve !...
Sous l'arbre du jardin Adam a vu son Ève !...

Quelle femme!... Sa voix n'est rien, c'est sa beauté
Qui m'a ravi, qui m'a séduit et transporté.
Le peintre Murillo l'inventa pour ses vierges,
Pour la faire adorer entre deux rangs de cierges,
Pour la couvrir de fleurs, pour la faire bénir,
Dans les jours du présent et ceux de l'avenir.

(Ici, Delphine se retire de la croisée et la ferme.)

Je vais m'épanouir, là-bas, dans une allée;
Il faut, à l'air des nuits, que mon âme exhalée
D'un baume souverain rafraîchisse mes sens;
Il faut que je remonte aux cieux d'où je descends.
Oh! je veux répéter qu'elle est divine et belle.
Ici, j'ai rendez-vous dans une heure avec elle!
Quand elle paraîtra, viens m'appeler, j'accours,
Pour rendre les moments moins cruels et plus courts...
Je vais penser à l'ange et rêver sous son aile;
Toi, reste aux environs, et sois ma sentinelle.

(Ils sortent.)

SCÈNE IX

M. DE SAINVAL, puis DELPHINE.

M. DE SAINVAL, ouvrant la porte avec précaution.

Sortis tous deux!...

(Il fait signe à Delphine de venir.)

DELPHINE.

Mon oncle, avez-vous entendu?

M. DE SAINVAL.

Tout, jusqu'au dernier mot... c'est un enfant perdu!...

Oh! ma nièce!... je rends justice à ta prudence!...
Il est chose certaine, et de toute évidence
Pour moi, que, si ton cœur eût un instant parlé
La langue de l'amour à cet écervelé,
Si tu n'eusses gardé ta réserve de femme,
Cette nuit t'aurait mis le désespoir dans l'âme.
Voilà les jeunes gens... les Catons d'aujourd'hui!

DELPHINE.

C'est que je suis, mon oncle, en fureur contre lui;
Non pas de jalousie, au moins...

M. DE SAINVAL.
Oh!...

DELPHINE.

       Mais je pense
Qu'il a heurté de front les lois de la décence.

M. DE SAINVAL.

C'est juste!...

DELPHINE.

     Que vingt ans ne donnent pas le droit
De manquer de tenue envers qui que ce soit.

M. DE SAINVAL.

Très-bien!...

DELPHINE.

     Et qu'une dame, étourdiment laissée
De la sorte, a toujours raison d'être blessée.

M. DE SAINVAL.

J'approuve, de tout point, cette rancune...

DELPHINE.

        Ainsi,
Je ne veux plus rester une minute ici...

Vous m'accompagnerez jusqu'au prochain village.

M. DE SAINVAL, un peu déconcerté.

Pourtant, il faut avoir moins de rigueur pour l'âge.

DELPHINE.

Vous l'excusez?...

M. DE SAINVAL.

Du tout!... je l'accuse!... Pourtant,
A son âge, mon Dieu!... j'en aurais fait autant!

DELPHINE.

Vous, mon oncle?... Non!...

M. DE SAINVAL.

Si...

DELPHINE, à part.

Les hommes sont atroces!

M. DE SAINVAL.

Je fis un trait pareil la veille de mes noces.

DELPHINE.

Vous?...

M. DE SAINVAL.

Oui, moi!... Cela fit l'entretien de Paris.
Eh bien!... je fus, après, le meilleur des maris.

DELPHINE, au comble du dépit.

Mon oncle, voulez-vous m'accompagner?

M. DE SAINVAL.

Demeure,
Cela ne sera rien...

DELPHINE, outrée.

Voulez-vous que je meure?

M. DE SAINVAL.

Ah! mon Dieu!...

8.

DELPHINE, se jetant sur un fauteuil.

Donnez-moi de l'air!... Ah! j'en mourrai...

M. DE SAINVAL, appelant.

Quelqu'un!...

DELPHINE, se levant.

Ne criez pas!...

M. DE SAINVAL.

Je t'accompagnerai...

DELPHINE.

Je ne veux plus partir!

M. DE SAINVAL.

Nous resterons.

DELPHINE, à part.

Infâme!...
Si jeune et si cruel!... Je veux voir cette femme!
Elle est peut-être là!... dans le salon voisin...

M. DE SAINVAL, à part.

C'est fort clair maintenant; elle aime mon cousin.

(On entend un son de cor.)

DELPHINE.

Mon oncle, entendez-vous?...

M. DE SAINVAL, écoutant.

Oui, j'entends...

DELPHINE.

Je suis morte!...

M. DE SAINVAL, à la porte à droite.

Écoute donc!... je crois qu'on vient...

DELPHINE.

     Par cette porte?

    M. DE SAINVAL.

C'est le pas d'une femme... un pas vif et léger...
Restons; je veux la voir, je veux l'interroger...

    DELPHINE.

Oh! non!... pourquoi troubler leur rendez-vous? C'est elle!
La dame du castel...

    M. DE SAINVAL.

     Oh! dame ou demoiselle,
Je veux la voir!

    DELPHINE.

    Mon oncle!... au nom de Dieu... sortez!
Laissez-moi seule, ici... seule...

    M. DE SAINVAL.

     A tes volontés!

    (Il sort par la porte du fond.)

SCÈNE X

DELPHINE, seule.

Rêve ou réalité de femme ou de fantôme,
De ce roman nocturne ouvrons le second tome;
Par curiosité, moi, je veux tout savoir,
Et jusqu'au bout je veux tout entendre et tout voir.

   (Elle entre dans le cabinet et tient la porte entr'ouverte.)

SCÈNE XI

DELPHINE, cachée; CŒLINA.

CŒLINA.

Ah! je respire enfin! C'est bien dans cette salle
Que monseigneur attend sa très-humble vassale.
Noble jeune homme!... il m'aime avec délire... Eh bien,
il faut que mon amour égale au moins le sien.
Qui ne l'aimerait pas?

DELPHINE, à part.

L'insolente!...

CŒLINA.

Il me semble
Qu'ici nous allons faire un bon ménage ensemble.

DELPHINE, à part.

Bourgeoise!...

CŒLINA.

Nous verrons pour nous, sous ce beau ciel
Luire éternellement notre lune de miel.

DELPHINE, à part.

Quel style campagnard!...

CŒLINA.

Oh! que le mariage
Est doux quand on est deux à peu près du même âge!

DELPHINE, part.

Je n'y tiens plus...

CŒLINA.

Qu'entends-je? Ah! mon Dieu!... Le voici!
J'aurais voulu l'attendre encore une heure ici.
Quand on pense à l'objet d'un amour aussi tendre,
Qu'on est bien toute seule... et qu'il est doux d'attendre!
Je voudrais renvoyer mon bonheur à demain.

SCÈNE XII

Les Mêmes, CASIMIR.

CASIMIR, accourant vers Cœlina.

Permettez que ma lèvre effleure votre main.

DELPHINE, à part.

C'est Casimir!... ô Dieu!... je dors!... oui, c'est un songe!...

CŒLINA.

Soyez le bienvenu!... déjà l'ennui nous ronge
Dans ce triste château; j'ai chanté tous les airs
Qu'on a faits pour les bois, les monts et les déserts.
Et je viens d'épuiser ce soir mon répertoire;
C'est triste, de chanter ainsi sans auditoire.

CASIMIR.

Console-toi; reprends ta charmante gaîté.

DELPHINE, à part.

Mon Dieu!... réveillez-moi...

CASIMIR.

Reprends ta liberté.
Ton exil est fini, ma divine Andalouse,
Encore un jour d'attente et demain je t'épouse!

DELPHINE, à part.

J'ai perdu la raison!...

CŒLINA.

Demain...

CASIMIR, à Cœlina.

M'aimez-vous maintenant?

CŒLINA.

Je vous aime... un peu moins que mon cher Ferdinand.

DELPHINE, à part.

Elle en aime donc deux!...

CASIMIR.

Oh! ma beauté divine!...
Je n'en suis pas jaloux, car mon cœur le devine.

DELPHINE, à part.

Je ne devine pas, moi... Viens à mon secours,
Mon Dieu!...

CŒLINA.

Faites venir mon Ferdinand...

CASIMIR.

J'y cours!...

(Il sort par la porte du fond, jusqu'où Cœlina l'accompagne; Delphine, pendant ce temps, sort du cabinet, traverse le théâtre, et va se placer à droite dans la même position qu'elle avait à la porte de gauche. A mesure que Cœlina s'avance vers son pavillon, elle se trouve devant Delphine et recule d'effroi.)

SCÈNE XIII

CŒLINA, DELPHINE.

CŒLINA, naïvement.

Oh!... vous m'avez fait peur!...

DELPHINE.

           Peur, à vous?... C'est étrange!...
N'êtes-vous pas une ombre... une sylphide, un ange?
En votre qualité de fantôme trompeur,
N'êtes-vous pas, madame, au-dessus de la peur?...
C'est à moi de trembler... et de manquer d'haleine
En vous parlant, à vous, terrible châtelaine...

CŒLINA, à part.

Que répondre?... Ceci n'est pas dans ma leçon.

DELPHINE.

Parlez!... De votre voix je connais bien le son :
Je sais qu'elle est naïve, amoureuse et touchante;
Comme une voix de fée, elle enlève, elle enchante;
C'est un doux talisman, une magique voix
Qui met à vos genoux deux amants à la fois.

(Après une pause.)

Me ferez-vous au moins l'honneur d'une parole?

CŒLINA, à part.

Cette scène, je crois, n'était pas dans mon rôle...

(Haut.)

Pour vous répondre ici, je n'ai rien médité...
Excusez ma jeunesse et ma timidité.

DELPHINE.

Quelle timidité!... C'est ainsi que l'on nomme
La vertu qui vous fait causer avec un homme...

A minuit! le premier que l'on trouve nous plaît;
On le saisit au vol, qu'il soit maître ou valet...
Ce procédé d'amour me paraît un peu leste
Pour un ange tombé de l'empire céleste.
Inconnus hier soir... et demain mariés...

(Cœlina pousse un long éclat de rire.)

Je ne sais trop pourquoi, madame, vous riez...

CŒLINA.

Madame, excusez-moi, j'aime à rire...

DELPHINE.

      La chose
N'est pas plaisante, au moins... C'est affreux, que l'on ose
Insulter une femme, et que l'on rie après...
Pour subir un affront je suis venue exprès...
Ici; je comprends tout; j'ai deviné, mon ange :
Vous servez cette nuit un homme qui se venge !...
Qui se venge de moi... Recevez mes adieux...
Vous avez fait, madame, un métier odieux!

(Cœlina rit aux éclats; Delphine fait quelques pas et s'arrête.)

CŒLINA.

Oh!... ne m'accusez pas, madame, je vous prie,
Et sachez mieux comprendre une plaisanterie.
Que voulez-vous!... j'ai tort de vous parler ainsi,
Mais pourquoi me laisser seule avec vous ici?...
Ils me donnent un rôle; et puis notre entrevue,
Que je n'attendais point, qu'ils n'avaient pas prévue,
A détruit notre plan; voyez mon embarras :
Je n'ai plus rien à dire, et je croise mes bras !...

DELPHINE.

Ainsi, je suis jouée !...

CŒLINA.

     Oh! mon Dieu, non, madame...

Mon frère donnerait pour vous jusqu'à son âme!...

DELPHINE.

Votre frère?...

CŒLINA.

Ah!... j'ai dit mon frère... Ferdinand?...
Eh bien, vous savez tout, madame, maintenant...
Tout ce que vous voyez n'est qu'une comédie,
Qu'un jeu d'amour qui sort d'une tête étourdie;
Ces voleurs, ce château, ce cor, ce revenant,
Tout fut imaginé, conçu par Ferdinand.
Votre oncle est du complot, oui, votre oncle, à son âge,
Votre oncle si sensé se plaît au badinage :
C'est pour votre bonheur, dit-il, et je le crois...
Ainsi contre une femme ils se sont ligués trois!...
Ils n'en rougissent pas, ces aimables infâmes...
Il faut nous soutenir, n'est-ce pas... entre femmes?
Aussi je vous dis tout; je respire à présent :
Ah! mon Dieu!... qu'un secret est un fardeau pesant!

DELPHINE.

A mon tour maintenant!... Merci, mademoiselle;
Vous n'aurez pas regret un jour de votre zèle...
Votre frère, je crois, veut vous parler ici?...

CŒLINA.

Oui...

DELPHINE.

Veuillez un instant vous retirer...

(Cœlina sort à roile.)

Merci!...

9

SCÈNE XIV

DELPHINE, seule.

Éteignons les flambeaux d'abord!... Bien!... Minuit sonne
Oh! cette obscurité me trouble... je frissonne...
Est-ce que j'aimerais cet homme... cet enfant?...
S'il m'entendait, mon Dieu!... qu'il serait triomphant!
Non!... je ne l'aime pas... c'est une jalousie
D'amitié... d'amitié qui tantôt m'a saisie...
La femme est ainsi faite : elle enchaîne à ses pas
Le jeune homme qui l'aime et qu'elle n'aime pas!...
Oui, nous sommes ainsi... du moins je le suppose...
Oh!... cherchons un sujet plus gai qui me repose...
S'il m'aimait! s'il m'aimait!... la, comme je l'entends..
L'amour est un caprice à l'âge de vingt ans.
Il parle avec des mots qu'un vieux roman lui prête...
Et rien n'est sérieux dans une jeune tête.

(Elle marche vers la porte du fond.)

Oh!... le voici!...

SCÈNE XV

DELPHINE, FERDINAND.

FERDINAND, marchant à tâtons.

Ma sœur!...

DELPHINE, à mi-voix.

Mon frère!...

FERDINAND.

Je suis là!...

Où donc est le boudoir?... Je me perds...

DELPHINE.

Le voilà!...

FERDINAND.

J'y suis!... Viens donc, ma sœur, à mon côté...

DELPHINE.

Je tremble!...

FERDINAND.

Enfant!... viens donc... Il faut jouer avec ensemble.

(Delphine se rapproche ; Ferdinand écoute, l'oreille contre la porte.)

Elle dort!... mon bel ange!... attendons son réveil...
C'est un crime, ma sœur, de troubler ce sommeil...
Que son front endormi doit respirer la grâce,
Lorsqu'un rêve serein sur sa figure passe!...
Oh! que je voudrais voir ce visage adoré,
S'animant aux rayons d'un mensonge doré!
Elle dort!... O ma sœur!... ne troublons pas son rêve!...
A son cœur, s'il est doux, permettons qu'il s'achève.
Oh!... qu'il lui soit donné d'embrasser en dormant
Le bonheur! le bonheur, rêve qui toujours ment!

DELPHINE, à part, s'avançant sur le bord de la scène.

L'étourdi de vingt ans abjure sa folie,
C'est fort bien!... avec lui, je me réconcilie.

FERDINAND, à Delphine.

Chante d'une voix douce un de ces airs divins
Qui s'accordent si bien avec les songes vains ;
Un air que l'harmonie enveloppe de gaze,
Et qui donne, la nuit, le sommeil de l'extase,

Afin qu'en écoutant cet air délicieux,
Son oreille s'entr'ouvre aux saints hymnes des cieux.

DELPHINE, à mi-voix.

Non!... je suis trop émue... et ma voix...

FERDINAND.

         Allons, chante...
Bien bas... avec amour; ta voix est si touchante!...

DELPHINE, de même.

Mon frère, je ne puis...

FERDINAND.

      Chut!... quelqu'un vient!... j'entends
Des pas... Laissez-nous seuls encor quelques instants!

DELPHINE, montrant la porte à droite.

Mais c'est de ce côté qu'on nous arrive... Écoute...

FERDINAND.

Casimir et Sainval se sont trompés de route.

(La porte s'ouvre et Cœlina paraît une lampe à la main.

La porte s'ouvre... Ciel! ma sœur!

SCÈNE XVI

LES MÊMES, CŒLINA.

CŒLINA.

         Oui, c'est bien moi.
(Delphine se retire à l'écart.)
Oh! quels sombres regards tu me jettes!...

FERDINAND.

         C'est toi!...

(Regardant Delphine, qui s'est appuyée contre la porte de gauche, la tête dans ses mains.)

Et qui donc près de moi te remplaçait ?

CŒLINA.

Une autre !
Vous faites un complot... et nous faisons le nôtre.

FERDINAND, courant à Delphine.

Je vous demande grâce et pardon à genoux...
Pardon, pardon, madame !

DELPHINE, le relevant en souriant.

Eh bien, pardonnons-nous !
Jeune conspirateur, Delphine vous fait grâce...

FERDINAND, riant.

Ma sœur nous a trahis !...

DELPHINE.

Il faut que je l'embrasse
Car c'est aussi ma sœur...

FERDINAND, au comble de la joie.

Ai-je bien entendu
Quoi ! madame, j'obtiens...?

DELPHINE.

Mais ce qui vous est dû !...

CŒLINA, à Delphine.

Moi, j'avais deviné tantôt qu'au fond de l'âme
Vous gardiez à mon frère une secrète flamme ;
Et, sûre du succès que je m'étais promis,
J'étais allée au parc tout dire à nos amis.
Voyez !...

(La porte du fond s'ouvre ; on voit sur la terrasse une table splendidement servie M. de Sainval entre, ainsi que Casimir, qui a quitté sa livrée.

SCÈNE XVII

Les Mêmes, M. DE SAINVAL, CASIMIR.

FERDINAND, présentant Casimir à Delphine.

Voilà le prétendu de ma sœur...

DELPHINE.

       Mon beau-frère
A quitté la livrée, et pour toujours, j'espère.
Oh! l'habit de Frontin vous allait à ravir!...

CASIMIR.

Je suis votre valet, toujours pour vous servir...

DELPHINE.

Nous rendra-t-on l'argent qu'on nous a pris?

CASIMIR.

        Sans doute.
On ne l'a pas semé, je pense, sur la route...
Les bandits avec nous à table vont s'asseoir,
Les bandits qui nous ont assassinés ce soir :
Ils sont mes amis; tous d'humeur vive et plaisante.
Madame, permettez que je vous les présente.

(Entrent quatre messieurs vêtus avec élégance.)

Voyez!... jabot, épingle, habit noir, chaîne, gants;
Croirait-on, à les voir, qu'ils furent des brigands?

(Il les entraîne tous quatre vers la table du fond et cause avec eux.)

M. DE SAINVAL, arrivant du fond.

A table!... tout est prêt!... on frappe le champagne...

DELPHINE.

Nous soupons à minuit !... c'est la mode en Espagne.

M. DE SAINVAL.

Un *médianoche* de mon maître d'hôtel...
Au dessert, nous aurons l'air de *Guillaume Tell*.

(Il remonte vers le fond du théâtre.)

DELPHINE, à Ferdinand.

Que tout soit oublié...

FERDINAND.

Mais tout, jusqu'à mon âge...

DELPHINE.

Je vous trouve vieilli.

FERDINAND.

Dix ans de mariage
Avec vous, c'est un jour...

DELPHINE.

Donnez-moi votre main ;
Un jour passe bientôt...

FERDINAND.

J'aurai trente ans demain.

ÈTRE PRÉSENTÉ

COMÉDIE EN UN ACTE, EN PROSE

Représentée à Bade, sur le théâtre de M. Benazet.

PERSONNAGES :

Le comte RAYMOND D'ARGEMMES.
Lady KATRINA WARTON, jeune veuve.
Miss ANGÉLINA WARTON, sa cousine.
CONRAD, gardien du château de Lahneck.

———

La scène est à Lahneck, près d'Ems, en 1855.

ÊTRE PRÉSENTÉ

Une vieille cour extérieure du château de Lahneck; deux ouvertures servant de porte à droite et à gauche, et deux petites fenêtres de style gothique. — Les murs sont couverts de lierre et de plantes grimpantes et sont dominés par des fonds d'arbres touffus.

SCÈNE PREMIÈRE

CONRAD, parlant à la cantonade.

Milord sera obéi... (A lui-même.) Diable !... L'ordre de mon maître est précis : « Conrad, ne reçois aucune gratification des étrangers. » C'est justement le contraire de ce que mon père m'a dit souvent : « Reçois des gratifications de tout le monde. » — Ah ! mon père avait de bonnes raisons pour parler ainsi ; il était intendant du marquis de Vertbois, le dernier des émigrés, mort à Coblence en 1812. Le devoir d'un intendant est d'accepter de toutes mains, pour ne pas être tenté de toucher à la fortune de son maître. C'est ce que je ferai, quand j'aurai l'honneur d'être intendant... Ah ! voici un visiteur !

SCÈNE II

CONRAD, LE COMTE RAYMOND.

LE COMTE.

Vous êtes le gardien du château ?

CONRAD.

Le cicerone.

LE COMTE.

Italien ?

CONRAD.

Français, né à Coblence.

LE COMTE.

Ah ! un compatriote ! (Il va regarder à la fenêtre.).

CONRAD, à part.

Bon ! Ce n'est pas un étranger ! On peut recevoir une gratification.

LE COMTE.

Pouvez-vous être discret et obligeant un quart d'heure, à raison d'un louis la minute ? Vous voyez que je vous parle français. (Il lui offre une bourse qu'il fait sonner.)

CONRAD.

Je comprends cette langue.

LE COMTE.

Eh bien ?

CONRAD.

Mais vous attendez de moi un service, sans doute

LE COMTE.

Parbleu! on ne donne pas quinze louis pour rien, aujourd'hui.

CONRAD.

Le service est-il honorable?

LE COMTE.

C'est un Français qui vous le demande.

CONRAD.

Ah! voilà une excellente raison!

LE COMTE, donnant la bourse à Conrad.

Et une excellente aubaine.

CONRAD.

De quoi s'agit-il? Que faut-il faire?

LE COMTE.

Rien.

CONRAD.

C'est aisé!... (A part) J'aime assez ce genre d'occupation.

LE COMTE.

Vous irez dans la chapelle de Saint-Martin, ici tout près... et vous y resterez un quart d'heure, et, moi, je serai cicerone à votre place.

CONRAD.

Ah! je comprends! C'est un pari que vous avez fait à Ems avec un Anglais.

LE COMTE.

Beaucoup mieux, avec deux Anglaises... C'est une plaisanterie d'été...

CONRAD, à part.

Mon père m'a toujours dit que les Français étaient des hommes amusants.

LE COMTE.

Mon domestique m'attend, sous le château, dans les broussailles du fossé. J'ai là un costume complet de cicerone et un cabinet de toilette.

CONRAD.

Soyez bien mis au moins...

LE COMTE.

Je ferai honneur à la maison. (Il sort.)

SCÈNE III

CONRAD, ouvrant la bourse.

Voyons si le quart d'heure est complet, et s'il n'y manque pas une minute... (Il compte vingt.) Tiens! il y a vingt minutes! Sa montre avance!... Faut-il restituer ce léger supplément? faut-il le garder?... Mon père l'intendant me disait toujours : « Accepte le plus comme le moins! » Ainsi, la cause est jugée, j'accepte le plus. La reconnaissance est un fardeau bien lourd, dit-on; elle pèse au cœur. La mienne durera cinq minutes de plus. — Merci, mon père

SCÈNE IV

CONRAD, LE COMTE.

LE COMTE.

Me voilà cicerone!

CONRAD.

Parfait de mise!... Ce costume ne vous sera plus d'aucune utilité après le pari?

LE COMTE.

Non.

CONRAD.

On dirait qu'on vous a pris mesure sur moi.

LE COMTE.

Tu viendras le réclamer demain à l'hôtel des *Quatre-Tours*... Tu demanderas le comte Raymond d'Argemmes.

CONRAD.

Ce sera mon habit des dimanches, et je l'endosserai avec reconnaissance... (A part.) Est-il généreux!... C'est un lord français.

LE COMTE, qui regarde souvent à la fenêtre.

Esquive-toi, maintenant.

CONRAD.

Je vais remercier saint Martin. Il n'était pas aussi généreux que vous, lui : il ne donnait que la moitié de son habit.

LE COMTE.

Va, laisse-moi seul. (Il retourne à la fenêtre.)

CONRAD, à part.

Je suis très-curieux... Voyons ce qui va se passer... Un domestique doit tout voir; c'est ce qui le console de ne pas être maître. (Il sort.)

SCÈNE V

LE COMTE RAYMOND, seul.

Ah! me voilà prêt! Lady Katrina Warton peut arriver, je suis là pour la recevoir; une adorable veuve dont le deuil ne tient plus qu'à un fil noir, une veuve que son mari doit bien regretter dans sa tombe! Oh! si c'était une Française, une Allemande, une Russe, une Hollandaise, je l'aurais abordée hardiment, un beau soir, sur la pelouse de la rivière, avec une de ces phrases banales qui sont la courte préface d'un entretien éternel... Une Parisienne! Je lui aurais dit : « Madame, monsieur votre frère vous attend au Kursaal. — Monsieur, m'aurait-elle répondu avec un sourire de Paris, je n'ai point de frère. — Mille pardons, madame! à votre jeunesse, à votre grâce, à votre beauté, je vous ai prise pour la comtesse de Saint... *Chose.* » Un saint quelconque... Elle se serait inclinée. « Nous jouissons d'une soirée magnifique! » aurais-je ajouté. Elle aurait répondu : « Magnifique! » comme la nymphe Écho. Et on continue deux heures, en causant de tout, excepté de l'amour, pour ne pas effaroucher. Le lendemain, on s'aborde à la promenade; le soir, on danse au Kursaal. Deux jours après, on épèle la première phrase d'une déclaration; au bout de la semaine, on achève la tirade, et, à la fin de la saison d'été, on se marie pour supprimer l'hiver... Mais avec une Anglaise!... c'est bien autre chose!... Il faut être présenté... *Présenté!* c'est le mot des grandes dames de la haute vie et des blondes ladies du *West-End*. Si j'osais adresser un mot à lady Katrina, elle me terrasserait de son mépris, ou me lancerait au visage la foudre de son éventail. Et milady ne connaît personne, ne reçoit personne; elle s'est fait une prison de son appartement de l'hôtel des *Quatre-Tours*, et c'est par hasard que j'ai appris hier au soir la visite qu'elle devait faire au château de Lahneck. Le livre des voyageurs m'a révélé son nom. Je suis amoureux sans espoir, faute d'une présentation officielle. Oh! si elle pouvait se naturaliser Française, pour un jour seulement!... Voici l'heure... elle doit être arrivée depuis longtemps à Lahnstein, et elle ne doit pas tarder... (Allant à la fenêtre.) Ombrelle rose... figure d'ange, mantille de dentelle noire... C'est elle... avec sa grave compagne, qui est sérieuse et solennelle comme un quaker du genre féminin... Le cœur me bat, le souffle me manque, ma tête se couvre d'un nuage. Oh! venez à mon aide, ombres des paladins de Lahneck et de Stolzenfels, vous qui avez conquis le cœur de tant de nobles châtelaines sans être présentés!

SCÈNE VI

LE COMTE, LADY KATRINA, MISS ANGÉLINA.

MISS ANGÉLINA.

Ma cousine, vous êtes une folle.

LADY KATRINA.

Mille fois merci du compliment!

MISS ANGÉLINA.

Escalader cette montagne à pic, en plein soleil, à midi, par un chemin de chèvres, il faut avoir perdu la raison!

LADY KATRINA.

Miss Angélina Warton, ma cousine, à quelle heure fallait-il faire cette ascension pour ne rencontrer personne?

MISS ANGÉLINA.

Il ne fallait pas monter du tout. Quelle nécessité y a-t-il de connaître ce nid d'aigle, perché dans les nuages?

LADY KATRINA.

Les Anglaises escaladent le mont Blanc; c'est bien plus haut.

MISS ANGÉLINA.

Je n'aime que les rez-de-chaussée, moi.

LADY KATRINA.

Il faut pourtant parler au gardien du château.

LE COMTE, arrivant du fond.

Madame veut-elle bien me permettre de me *présenter* à elle?

LADY KATRINA.

Oui... Pouvez-vous nous montrer le château de Lahneck?

LE COMTE.

Dans tous ses détails. (A part.) Me voilà présenté. (Prenant le ton banal du cicerone.) Le château de Lahneck a été incendié, le 16 août 1688, par le maréchal de Boufflers. On achève la restauration de la chapelle, entièrement détruite par le feu; elle fut placée sous l'invocation de saint Martin, par Baudouin, archevêque de Trèves, sous le pontificat de Jean XXIII... Maintenant, madame...

MISS ANGÉLINA, d'un ton grave et sans regarder le comte.

Milady, s'il vous plaît.

LE COMTE, s'inclinant devant lady Katrina.

Oh! excusez, milady... j'ignorais...

LADY KATRINA.

Madame ou milady, j'accepte tout.

LE COMTE.

Maintenant, milady veut-elle monter au sommet de la tour?

LADY KATRINA.

Je suis venue pour tout voir.

MISS ANGÉLINA.

Encore monter !

LE COMTE.

Oh! ici, on monte toujours.

MISS ANGÉLINA.

Jusqu'à quelle hauteur?

LE COMTE.

Oh! peu de chose... Deux mille toises au-dessus du niveau du Rhin.

MISS ANGÉLINA.

Rien que cela !

LE COMTE.

La tour où vous allez monter n'a que deux cent trente-cinq marches... Mais quelle vue !

MISS ANGÉLINA.

Je n'aime pas la vue.

LE COMTE.

Milady veut-elle me faire l'honneur de me suivre? C'est l'heure où le maître du château fait arborer le drapeau anglais sur la courtine du Nord; un drapeau magnifique!

LADY KATRINA.

Allons, chère cousine, un peu de courage... Je me fais une fête de voir flotter notre drapeau en Allemagne.

MISS ANGÉLINA.

Et moi aussi; mais je vous attends et je me repose un peu.

LADY KATRINA.

Miss Angélina, votre mère est montée sur une pyramide d'Égypte. Vous n'êtes pas digne d'être ma cousine... Monsieur le cicerone, montrez-moi le chemin; je suis Anglaise, moi, et je ne trouve rien d'assez haut.

(Le comte prend le devant et sort avec lady Katrina.)

SCÈNE VII

MISS ANGÉLINA, ôtant son chapeau.

Jeune folle!... une veuve de quatorze mois!... Elle a quitté la douleur avec la robe de deuil! Elle ose même rire depuis trois jours! Moi, j'ai refusé vingt fois de me marier pour m'épargner le désespoir d'être veuve, je n'aurais pas survécu à mon malheur!... Mais n'y a-t-il personne avec qui je puisse parler ici?... Je n'aime pas causer avec moi... (Elle regarde à la fenêtre.) Ah! que fait cet homme avec son air d'espion?... Si c'était un malfaiteur!... (Effrayée.) Seule ici!... au sommet d'une montagne!... dans un désert!... au milieu d'une forêt...

SCÈNE VIII

MISS ANGÉLINA, CONRAD, paraissant avec précaution.

MISS ANGÉLINA, à part.

Le voilà! Il médite un crime!

CONRAD, à part.

Tous les autres sont partis... Ce n'est pas un étranger, c'est une étrangère... Il faut me faire accorder une nouvelle gratification.

MISS ANGÉLINA, à part.

Une idée! Il a l'air malheureux... je puis l'attendrir avec de l'or. (Haut.) Monsieur... voilà tout ce que je puis vous donner... (Elle lui donne une pièce d'or.)

CONRAD.

Oh! non, madame, je n'accepte pas...

MISS ANGÉLINA, à part.

Je suis perdue.

CONRAD.

Je ne suis pas un mendiant... Je veux gagner l'argent qu'on me donne... Attendez! (Sur le ton du ciceronu.) Le château de Lahneck fut incendié, le 16 août 1688, par le maréchal de...

MISS ANGÉLINA.

Cela suffit... Vous êtes le cicerone du château?

CONRAD.

A votre service, madame.

MISS ANGÉLINA.

Et l'autre?

CONRAD.

Quel autre?

MISS ANGÉLINA.

Celui qui est monté à la tour avec ma cousine.

CONRAD, effrayé.

Ah! l'autre n'est pas descendu?

MISS ANGÉLINA.

Puisqu'il est monté.

CONRAD, embarrassé.

Ah! c'est juste... puisqu'il est monté... il n'est pas descendu... L'autre est mon camarade... mon associé... nous sommes deux.

MISS ANGÉLINA, à part.

Cela me paraît suspect.

CONRAD.

Madame exige-t-elle d'autres renseignements?

MISS ANGÉLINA.

Non... Maintenant, vous avez travaillé, voici votre gratification.

CONRAD accepte, et il reprend sur le ton du cicerone.

Sous le pontificat de Jean XXIII, l'archevêque de Trêves...

MISS ANGÉLINA.

Assez!... Vous allez m'endormir debout.

CONRAD.

Je vous réveillerai; laissez-moi gagner mon salaire.

MISS ANGÉLINA.

L'archevêque de Trêves aurait bien dû laisser un fauteuil dans cette salle... Je voudrais m'asseoir.

CONRAD.

C'est un oubli de l'archevêque... Je vais vous chercher dans la chapelle un banc de marguillier féodal.

MISS ANGÉLINA.

Allez vite! Je ne me soutiens plus.

CONRAD, à part.

Esquivons-nous, voici l'autre!

SCÈNE IX

MISS ANGÉLINA, seule.

Je ferai mettre en tutelle cette folle de Katrina. Certes, nous, grandes dames, nous ne regardons pas un cicerone comme un homme ; mais il y a toujours folie et danger à prendre un être pareil pour compagnon de voyage au sommet d'une tour... à trois mille toises au-dessus du niveau de... de sa tutrice naturelle, miss Angélina Warton, l'ange gardien d'une cousine veuve qui perd la tête en perdant le deuil.

SCÈNE X

MISS ANGÉLINA, LE COMTE, LADY KATRINA.

LADY KATRINA.

Ah! chère cousine... je vous ai bien regrettée là-haut!

MISS ANGÉLINA.

Et moi, là-bas.

LADY KATRINA.

Un coup d'œil plus beau qu'à Richmond!

MISS ANGÉLINA, avec une dignité comique.

Vous osez parler de Richmond!

LADY KATRINA.

Pourquoi pas?

####### MISS ANGÉLINA.

Richmond! le paradis officiel des jeunes mariés de Londres! Oh! milady, vous parlez comme une veuve octogénaire!... L'ombre de sir Robert, votre mari, est indignée en vous écoutant.

####### LADY KATRINA.

Je n'ai pas peur des ombres.

####### MISS ANGÉLINA.

Je me voile le visage avec mon éventail.

####### LADY KATRINA.

Voilez... (Au comte.) Monsieur le cicerone, je ne vous tiens pas quitte de la légende.

####### LE COMTE.

Je suis aux ordres de milady.

####### LADY KATRINA, à miss Angélina.

Vous allez voir, il parle comme un gentleman.

####### MISS ANGÉLINA.

Et vous, ma cousine, vous parlez comme la veuve d'un brasseur. Venez, cousine, partons. J'use de mon autorité de chef de famille. Obéissez. Je songe à l'honneur de vos aïeux, moi !

####### LADY KATRINA.

Oh ! mes aïeux ont passé leur vie à mourir d'ennui dans les brouillards d'Écosse, et je veux vivre, moi !

####### MISS ANGÉLINA.

Vous allez devenir amoureuse d'un manant ! Vous oubliez la devise de notre famille : *Nobility for nobility.* « Noblesse pour noblesse! » Pourquoi ne me suis-je jamais mariée, moi ?

LADY KATRINA.

Parce que vous n'avez jamais trouvé de mari.

MISS ANGÉLINA.

Raison bourgeoise!... Parce que tous mes prétendants remontaient à peine, par leurs aïeux, à Charles Ier; une noblesse de deux siècles! des hommes de rien! des gens qui, en naissant, avaient oublié de naître et avaient leur épitaphe écrite sur leur berceau!

LADY KATRINA.

Eh bien, soit! Je vous accorde tout.

MISS ANGÉLINA.

Et partons!

LADY KATRINA.

Oui, après la légende... une légende sur cette fenêtre... celle-là... une histoire d'amour.

MISS ANGÉLINA.

Je déteste l'amour.

LADY KATRINA.

Vous n'écouterez pas... Asseyez-vous... Monsieur le cicerone, nous attendons la légende.

(Conrad se montre à la porte avec un banc.)

LE COMTE, repoussant Conrad et prenant le banc.

Va-t'en! (A Angélina.) Voici un siége pour madame.

LADY KATRINA.

A la campagne, tout siége est bon.

MISS ANGÉLINA.

Je reste debout.

LADY KATRINA.

Je m'assois.

MISS ANGÉLINA, à lady Katrina.

Une conduite odieuse!... On va vous prendre pour une Française!

LADY KATRINA.

Tant mieux!

MISS ANGÉLINA.

Vous finirez par épouser un Parisien!

LADY KATRINA.

Eh bien, si c'est mon destin, je me résigne... Le bonheur ne m'épouvante pas... Que voulez-vous, ma chère cousine!... Je m'ennuie à la mort... l'ennui fane la beauté, l'ennui est le père de la laideur.

MISS ANGÉLINA.

L'ennui est honorable!

LADY KATRINA.

Je me passe de l'honneur qu'il me fait.

MISS ANGÉLINA.

Oh! je n'y tiens plus! je vais vous attendre là, sous un arbre.

LADY KATRINA.

On peut choisir, il y a une forêt.

MISS ANGELINA.

Si Londres voyait une pareille conduite, il rougirait pour son avenir parisien! Voilà le bénéfice des chemins de fer... Douze heures de Londres à Paris!... Nos pères mettaient douze jours... C'était le bon temps! Les hommes portaient des spencers et les femmes des chapeaux Paméla. Cet âge d'or ne reviendra plus. Nous étions monotones de vertu, et on nous citait comme des modèles à l'univers anglais.

LADY KATRINA.

Oui, du temps d'Henri VIII, qui a épousé huit femmes, comme Barbe-Bleue.

MISS ANGÉLINA

Vous perdez toute retenue... vous insultez la constitution... Je me couvre en signe de détresse et je sors.

(Elle se coiffe à la hâte et en sens inverse, et sort à grands pas.)

SCÈNE XI

LE COMTE, LADY KATRINA.

LADY KATRINA.

Enfin! arrivons à la légende.

LE COMTE, descendant du fond.

J'attendais les ordres de milady... Avant ma première phrase, j'oserai prier milady de vouloir bien sonder du regard la profondeur de ce précipice. (Il montre la fenêtre de droite.)

LADY KATRINA, allant regarder.

Oh! mon Dieu! voilà un vrai précipice! Cela donne l'affreux plaisir du vertige.

LE COMTE.

Cinq cents mètres soixante-quinze centimètres.

LADY KATRINA.

Ah! vous ne négligez pas les fractions.

LE COMTE.

Je ne néglige rien... Milady est-elle prête à écouter?

LADY KATRINA.

Oui.

LE COMTE.

Je commence... En l'an 1402, le 3 juillet, à cinq heures du matin, cent hommes d'armes descendaient le petit chemin que milady a honoré de son passage. A leur tête marchait le burgrave Adolphus de Lahneck. Il allait secourir Venise menacée par les infidèles.

LADY KATRINA, avec enthousiasme.

Oh! le beau temps!

LE COMTE.

Six mois après son départ, le burgrave fut tué d'un coup de lance dans une île de l'Archipel.

LADY KATRINA.

Il méritait mieux.

LE COMTE.

La plus belle vie ne vaut pas une belle mort!

LADY KATRINA, à part.

Tiens! un cicerone qui fait des sentences!

LE COMTE.

La jeune et belle Édith, châtelaine de Lahneck, s'évanouit en apprenant la mort de son mari Adolphus.

LADY KATRINA.

Je crois bien! J'aurais fait comme elle.

LE COMTE.

Édith coupa ses cheveux...

LADY KATRINA.

Ah! ceci est de trop!

LE COMTE.

Et s'enferma dans le donjon que je viens de montrer à milady, et elle y passa un an et un jour dans la prière et dans le désespoir.

LADY KATRINA.

Voilà du luxe!... Quel âge avait Édith?

LE COMTE.

L'âge de toutes les belles veuves : vingt ans.

LADY KATRINA, regardant le comte avec étonnement.

Continuez.

LE COMTE.

Un jeune page, nommé Hatto, crut devoir s'autoriser de la fin du veuvage pour devenir amoureux de la belle Édith; mais, avec cette exquise délicatesse qui était la vertu de l'époque, il se garda bien de déclarer sa passion... Hélas! l'amour n'est jamais un secret; si la bouche se tait, les yeux parlent : le regard trahit le cœur.

LADY KATRINA.

Un instant, monsieur le cicerone... Vous avez quitté l'intonation de votre métier; vous racontez comme tout le monde.

LE COMTE.

C'est pour varier un peu... Quelquefois même, si l'auditoire me plaît, je ne me borne pas à raconter ma légende, je la joue... L'effet est plus grand.

LADY KATRINA, à part.

Ce cicerone me fait peur. (Haut.) Poursuivez.

LE COMTE.

Dois-je raconter ou jouer?

LADY KATRINA.

A votre choix.

LE COMTE.

La belle veuve descendait, par les femmes, d'une nièce de Charlemagne; le jeune page entrait à peine dans le pre-

10.

mier ordre de la chevalerie, et cette infériorité sociale lui
mettait le découragement au cœur. Il n'osait parler de son
amour qu'aux étoiles de minuit : là, sur ce perron gothique,
quand la lampe de la veillée venait de s'éteindre derrière
le vitrail de la châtelaine. Alors un prélude de luth se
faisait entendre sous l'ogive, et une voix chantait un
lieder plaintif, une mélodie allemande pleine de tristesse
et d'amour.

LADY KATRINA.

Ah ! nous ne voyons plus cela aujourd'hui.

LE COMTE.

Cela peut se revoir... Un soir d'été, quand la nymphée
du jardin donnait la fraîcheur, la belle Édith se mit à sourire, pour la première fois depuis deux ans, et dit au page
une parole qui ressemblait à un encouragement ; puis elle
leva la tête et regarda l'étoile Sirius, qui brillait d'un éclat
extraordinaire. Pour toute réponse, le jeune Hatto, inspiré
par la solitude, improvisa ces vers :

> La nuit, quand sous un ciel sans voile
> L'heure d'amour vient à sonner,
> Ne regardez pas cette étoile :
> Je ne puis pas vous la donner.

Édith lança un regard sévère au jeune page et sortit du
jardin.

LADY KATRINA.

Oh ! il n'y avait pas de quoi s'irriter. Un quatrain n'est
jamais une offense. Je blâme madame Édith. L'exagération
de la vertu est un défaut.

LE COMTE.

Telles étaient les mœurs de l'époque.

LADY KATRINA.

J'aime mieux les nôtres.

LE COMTE.

Cette nuit-là même, le jeune Hatto brisa son luth et ne chanta plus aucun *lieder* sous le balcon de la châtelaine.

LADY KATRINA.

Il fit très-bien.

LE COMTE.

Vous l'approuvez, milady?

LADY KATRINA.

Certainement.

LE COMTE.

Si l'ombre du jeune page erre sous ces voûtes, elle sera consolée.

LADY KATRINA.

Il a donc été malheureux, ce beau page?

LE COMTE.

Mieux que cela...

LADY KATRINA.

Pauvre garçon!

LE COMTE.

Un jour... c'était le 18 juillet 1404...

LADY KATRINA.

Tiens, à pareil jour!

LE COMTE.

C'est juste... Voyez le hasard!... Le 18 juillet... à midi...

LADY KATRINA.

Midi sonne à Lahnstein!

LE COMTE.

Oh! le hasard n'en fait jamais d'autres!... Le jeune Hatto, armé de ce courage que donne le désespoir, aborda la belle veuve, à l'endroit même où nous sommes, et lui dit : « Madame, ce jour sera le dernier ou le premier de ma vie, au choix de votre bonté ou de votre rigueur. Je suis un jeune homme obscur; mais je veux conquérir mes titres de noblesse. La gloire des armes donne les illustres blasons, et l'amour, élevant les plus humbles jusqu'à Dieu, m'élèvera jusqu'à vous. J'ai gardé deux ans ce secret au fond de mom cœur, en respectant l'anneau de l'épouse et le deuil de la veuve ; un sourire a rayonné dans vos yeux, et j'ai cru que le temps de la douleur était passé, que la dette de votre respectueux souvenir était payée par un long veuvage, et qu'il m'était permis de prononcer devant vous les trois plus beaux mots que Dieu ait inventés pour l'homme : *Je vous aime!* »

LADY KATRINA.

Voilà un page qui sortait de l'Université...

LE COMTE.

De l'université de l'amour, la meilleure de toute l'Allemagne.

LADY KATRINA.

Voyons, que répondit la belle châtelaine?

LE COMTE.

Milady me permettra-t-elle de l'interroger?

LADY KATRINA.

Interrogez!

LE COMTE.

La légende naïve voudrait savoir ce que milady aurait répondu à la place de la châtelaine?

LADY KATRINA.

J'aurais répondu par un éclat de rire sérieux.

LE COMTE.

On ne riait pas en ce temps-là. Les burgraves étaient sombres comme leurs châteaux, et leurs femmes ne plaisantaient pas avec l'amour. Ce mot était regardé comme synonyme de mariage.

LADY KATRINA.

Il a bien changé depuis... Mais vous ne finissez pas votre légende.

LE COMTE.

Voici la fin. La châtelaine, toujours fidèle à la mémoire de son mari, selon les mœurs de l'époque, répondit en ces termes : « Jeune homme, vous avez de nobles sentiments; mais le serment de fidélité que j'ai prêté à mon noble époux ne doit finir jamais. Mon devoir est de le rejoindre dans son tombeau, à son dernier rendez-vous... Si je me mariais en secondes noces, je me trouverais dans un étrange embarras à l'article de la mort. Jeune homme, suivez le conseil de mon amitié. Oubliez-moi. »

LADY KATRINA.

Je trouve cette réponse fort belle..

LE COMTE.

Oui, en 1404. Aujourd'hui, ce serait un anachronisme. Les rendez-vous posthumes sont toujours manqués. Le page n'admira pas cette réponse; au contraire, c'était pour lui un arrêt de mort. « Madame, s'écria-t-il, votre rigueur tue celui qui voudrait vivre pour vous! Dites-moi de m'éloigner; dites-moi de prendre l'épée des chrétiens sous le drapeau de Venise; dites-moi d'arriver au premier rang et de vous mériter; faites-moi vivre cinq ans par l'espoir; donnez-moi votre devise; armez-moi chevalier par la grâce de votre parole! Vous verrez un jour si l'homme a tenu la promesse de l'adolescent. Madame, ce n'est pas votre amour que je vous demande à genoux... (le comte se jette aux genoux de Lady Katrina) c'est ma vie! Donnez-moi la vie aujourd'hui, et, dans cinq ans, si j'en suis digne, vous me donnerez votre amour. »

SCÈNE XII

Les Précédents, MISS ANGÉLINA.

MISS ANGÉLINA, reculant d'effroi.

Ah! mon Dieu!

LADY KATRINA, à miss Angélina.

Ne faites pas attention : il joue une légende.

LE COMTE, se relevant.

Une légende en action.

MISS ANGÉLINA.

Je suis anéantie de stupéfaction!

LADY KATRINA.

Vous vous anéantissez pour la moindre chose!

MISS ANGÉLINA.

Un domestique à vos pieds est donc une petite chose?

LADY KATRINA.

Aimeriez-vous mieux que ce fût un marquis?

MISS ANGÉLINA.

J'aimerais mieux que ce ne fût personne.

LADY KATRINA.

Oubliez ce détail, chère cousine, et écoutons ensemble le dernier chapitre de la légende. (Elle fait un signe au comte.)

LE COMTE.

Chapitre dernier. — La belle châtelaine, ne daignant plus écouter le jeune page, disparut avec la légèreté d'une gazelle et s'enferma dans son donjon. Huit jours se passèrent, et la folie du désespoir éclata dans la tête du malheureux jeune homme. Un soir, après avoir rôdé à travers jardins, galeries et cours, il poussa un cri d'adieu et se précipita dans l'abîme ouvert sous cette fenêtre...

LADY KATRINA.

Ah! mon Dieu!

LE COMTE.

Le lendemain, la belle Édith pleura et reprit le deuil.

LADY KATRINA, se levant.

Cela ne se reverra plus.

LE COMTE.

Cela peut se revoir.

LADY KATRINA.

En France?

LE COMTE.

Non, en Allemagne.

LADY KATRINA.

Il n'y a plus de pages.

LE COMTE.

Il y a des hommes.

MISS ANGÉLINA, descendant la scène.

Ma cousine, ce soir, nous partons pour Cologne.

LADY KATRINA.

Y songez-vous?... Votre docteur vous a ordonné vingt jours d'Ems, et nous sommes au dixième.

MISS ANGÉLINA.

Tant pis pour mon docteur!... Payez cet homme et partons. Je ne payerai pas mon docteur.

LADY KATRINA, ouvrant un porte-monnaie.

Monsieur le cicerone, ces dix frédérics d'or ne payent pas votre légende.

LE COMTE.

J'ai eu le bonheur d'être écouté, ce qui ne m'est pas arrivé depuis mon entrée à Lahneck : voilà ma plus belle récompense. J'attacherais bien plus de prix à un souvenir... un souvenir cueilli sur cette fenêtre... ce bouton d'or qui joue avec la brise de midi.

LADY KATRINA.

Vous refusez vos honoraires de cicerone?

LE COMTE.

Oui, milady... Ce château de Lahneck a fait de moi un homme des anciens jours. On oublie notre millésime bourgeois de 1855 sur ces nobles débris de la chevalerie. Le siècle de l'argent s'évanouit devant ce fantôme du siècle de l'honneur. Les généreux instincts revivent dans les âmes. Le présent se transfigure dans l'auréole du passé. Une jeune femme, belle comme Édith, est descendue du ciel aujourd'hui sur cette montagne; elle m'a donné le bonheur de la voir et l'honneur d'être écouté par elle : je ne demande rien de plus à la bonté de la femme et à la générosité de Dieu.

LADY KATRINA, à part.

Oui, cet homme m'épouvante! Il ne fait pas bon ici...

partons! (Haut.) Chère cousine, n'oubliez pas votre ombrelle.

MISS ANGÉLINA.

Le paquebot de Coblence part à trois heures.

LADY KATRINA.

Eh bien, qu'il parte!

LE COMTE.

J'attends mon salaire.

LADY KATRINA.

Cousine, je vous suis. (Au comte.) Une fleur d'or! triste monnaie pour un cicerone.

LE COMTE.

C'est la seule que je ne dépenserai pas.

LADY KATRINA, cueillant la fleur.

C'est un caprice de moyen âge! Chevalier de Lanheck, mettez cet or dans votre escarcelle.

LE COMTE.

Non, sur mon cœur.

LADY KATRINA.

Et faites des économies.

LE COMTE.

Mon cœur est prodigue, mais il gardera ce trésor.

(Lady Katrina fait un léger salut et va rejoindre sa cousine sur la porte. — Elles sortent.)

LE COMTE, seul.

Je suis présenté! Achevons mon ouvrage. (Il appelle.) Conrad! Conrad!

SCÈNE XIII

LE COMTE, CONRAD.

LE COMTE.

C'est toi qui arbores le drapeau anglais sur la courtine du Nord?

CONRAD.

J'ai cet honneur.. Ah! vous savez cela aussi?

LE COMTE.

Je sais tout... Cours après ces dames, et tu leur annonceras qu'elles sont invitées à cette imposante cérémonie nationale.

CONRAD.

J'obéis... (Fausse sortie.)

LE COMTE.

Attends... Milord est-il au château?

CONRAD.

Non, monsieur; il est descendu à Coblence.

LE COMTE.

Ajoute qu'elles sont invitées par milord à cette auguste cérémonie.

CONRAD.

Je comprends, et je cours.

LE COMTE.

Vole, et remonte à l'instant.

SCÈNE XIV

LE COMTE. (Il s'assied.)

Elle est adorable !... Mon stratagème de faux cicerone me brouillerait avec une veuve ordinaire, une bourgeoise de qualité ou une comtesse de la rue Charlot; mais les jeunes ladies ont un autre naturel; la civilisation en amour est plus avancée au faubourg Saint-Germain de Londres : leurs mères se passionnaient pour le romanesque ; aujourd'hui, les filles adorent l'excentrique. J'ai donc grande chance de réussir en m'écartant du chemin vulgaire suivi par la foule des amoureux. A ma place, un imbécile d'esprit aurait envoyé son père ou son oncle en ambassade auprès de lady Warton pour lui demander *sa main* et *sa foi*, en style d'opéra, et discuter chez un notaire les articles du contrat de mariage; il y aurait eu pour moi, au bout de cette démarche patriarcale, un de ces échecs foudroyants qui ont le suicide pour remède et fournissent un article tragique aux journaux du soir pour faire rire les badauds. Non, non, mon mariage est sur la bonne route, j'arriverai vite; j'ai pris l'*express-train* de l'amour.

SCÈNE XV

LE COMTE, CONRAD. (Il arrive essoufflé.)

LE COMTE.

Eh bien?

CONRAD.

Elles remontent... La plus jeune a laissé l'autre en arrière... Elle fait des bonds de gazelle; l'autre, des pas de tortue. Le drapeau a produit son effet.

LE COMTE, prenant un billet de visite et écrivant au crayon.

Donne-lui ce billet quand elle arrivera... à la plus jeune.

CONRAD.

Oh! j'entends bien.

LE COMTE.

Est-il intelligent, ce Conrad! Je te prends à mon service et je te fais mon intendant... Lorsque tu auras remis ce billet, tu arboreras le drapeau. (Il sort.)

SCÈNE XVI

CONRAD, seul.

Me voilà au but! Intendant comme mon père! La probité domestique est toujours récompensée. Soyons toujours honnête comme je le suis : ayons de l'ordre et de l'économie... et qui sait? On arrive ainsi beaucoup plus haut encore, à la fortune... Je serai maître alors et je me servirai moi-même; et, fort de ma propre expérience, je ne prendrai ni domestique ni intendant.

SCÈNE XVII

CONRAD, LADY KATRINA.

LADY KATRINA, avec empressement.

Où est le drapeau de la vieille Angleterre?

CONRAD.

On va l'arborer. Milady verra un beau spectacle!... un

drapeau de vingt mètres carrés, avec une harpe, un lion et une licorne. Cela nous a coûté cent florins... Milady, je suis chargé de vous remettre ceci.

LADY KATRINA, prenant la carte.

Qu'est-ce que cela?

CONRAD.

C'est une carte. (Lady Katrina lit.) Esquivons-nous! Je n'en sais pas davantage; je ne saurais donc que dire, et, dans notre état, il ne faut jamais rester court. (Fausse sortie.)

LADY KATRINA, le rappelant.

Y say...

CONRAD.

Milady me fait l'honneur de...

LADY KATRINA.

Oui... qui vous a remis cette carte?

CONRAD.

Un jeune étranger qui ressemble à un homme comme il faut. (A part.) Sauvons-nous.

SCÈNE XVIII

LADY KATRINA, relisant.

« Le comte Raymond d'Argemmes... *présenté.* » Ce nom m'est parfaitement étranger... une de ces connaissances... de Paris... une relation de passage... Présenté!... je m'y perds... C'est la carte d'un homme de distinction... elle a un parfum aristocratique... douce au toucher comme du satin... Une couronne de comte... des armes coloriées... Il porte de *sable à trois besants d'or!...* pièces honorables!...

avec cette devise : *Aimer une fois!...* C'est beau!... Il doit être jeune... Si je n'étais pas curieuse comme un homme, je serais tentée de le devenir aujourd'hui.

SCÈNE XIX

LADY KATRINA, LE COMTE.

LE COMTE.

(Il est vêtu avec une suprême élégance et porte à sa boutonnière le bouton d'or.)

Milady, vous m'avez donné le droit de me présenter à vous, et j'use d'un privilége si honorable. Ma carte a déjà annoncé à milady Warton le comte Raymond d'Argemmes.

LADY KATRINA, qui a écouté et regardé avec stupéfaction.

Monsieur le comte, votre supercherie me donne le droit de vous traiter en inconnu, malgré la présentation.

LE COMTE.

Milady, Votre Grâce ne traitera pas en inconnu l'homme que vous avez décoré de votre main et que vous avez écouté avec tant de bienveillance. La belle veuve Édith se souviendra de cette fenêtre... « Cela peut se revoir, » vous ai-je dit.

LADY KATRINA.

Comment, monsieur... Cette légende est une fable?

LE COMTE.

Une histoire... c'est la mienne.

LADY KATRINA.

Une histoire qui a commencé ce matin?

LE COMTE.

Et qui ne finira pas.

LADY KATRINA.

Une connaissance d'une heure!

LE COMTE.

Non, milady... il y a déjà bien longtemps... quinze jours... un siècle!... Je vous ai vue au balcon de votre hôtel, qui est aussi le mien; et vous voir un instant, c'est vous aimer toujours!

SCÈNE XX

LES PRÉCÉDENTS, MISS ANGÉLINA.

MISS ANGÉLINA, furieuse.

Lady Warton, je vous annonce...

LADY KATRINA, lui faisant un signe.

Chère cousine, je vous présente M. le comte Raymond d'Argemmes... une ancienne connaissance.

MISS ANGÉLINA, à part.

Il me semble que j'ai vu cette figure quelque part!... C'est une figure qui me poursuit... Il est très-bien... Je crois qu'il m'a remarquée.

SCÈNE XXI

LES PRÉCÉDENTS, CONRAD.

CONRAD, du ton de cicerone.

Le drapeau de la Grande-Bretagne flotte sur le manoir de Lahneck.

MISS ANGÉLINA.

Ah ! j'oublie tout ! Allons voir mon cher étendard.

LADY KATRINA.

Monsieur le comte, donnez-moi votre bras.

LE COMTE, bien bas.

Et milady me donnera sa main...

LADY KATRINA, hésitant.

Plus tard... peut-être.

LE COMTE.

Le dernier mot est de trop.

LADY KATRINA.

Je le supprime... Cette fenêtre me fait peur.

LA GROTTE D'AZUR

LÉGENDE NAPOLITAINE

Jouée dans un salon.

PERSONNAGES :

RÉGINA...............................	Mmes STELLA COLLAS.
SILVIA...............................	AMÉDINE LUTHER.
LÉONA...............................	FLEURY.
CARMEN............................	ANAIS DESCLÉE.
ALBENZA...........................	BALLA-REY.

LA GROTTE D'AZUR

RÉGINA.

Voici l'heure où tout dort. — Dans sa villa de marbre,
Le riche fait la sieste, et le pauvre, sous l'arbre ;
C'est le minuit du jour au mois de juin. Mes sœurs,
En été, le sommeil a de grandes douceurs ;
Mais il vaut mieux veiller, je crois : veiller, c'est vivre !
Vivons parmi ces fleurs dont le parfum enivre ;
Vivons en écoutant le murmure lointain
Qu'apporte à ma villa le flot napolitain,
Les concerts du jardin, le son des mandolines
Qui chante avec l'écho de nos vertes collines,
Et suivons, à travers le rideau des palmiers,
Ces barques fendant l'air comme un vol de ramiers.

SILVIA.

Ma sœur, tu nous dis là des choses trop connues ;
Finis en commençant, car, si tu continues,
Il arrivera...

RÉGINA.

Quoi ?

SILVIA.

Nous nous endormirons.

CARMEN.

La chaleur et l'ennui pleuvent aux environs;
Parlons toutes; chantons, car moi, ma chère amie,
Moi, rien qu'en t'écoutant, je me suis endormie.

RÉGINA.

Écoutez... Près de nous, j'entends des tambourins,
Nos instruments de bal !

SILVIA.

Ce sont des pèlerins
Ou des bohémiens...

CARMEN.

Est-ce ainsi que tu parles
Des artistes qui vont débuter à Saint-Charles?

SILVIA.

Moi, j'aimerais beaucoup mieux danser.

LÉONA ET ALBENZA.

Nous aussi.

RÉGINA.

Eh bien, faites venir dix beaux danseurs ici;
Combien en manque-t-il?

SILVIA.

Dix.

CARMEN.

Un peu trop.

RÉGINA.

Nous sommes
Dans ma villa, couvent que j'interdis aux hommes
Jusqu'à mon mariage.

SILVIA.

Oh! ce sera tard.

LÉONA.

Mais,
Dis-nous, quand crois-tu donc prendre un mari?

RÉGINA.

Jamais.

SILVIA.

C'est encore plus tard.

LÉONA.

Oh! Régina veut rire.

SILVIA.

Si nous causions ainsi jusqu'au soir, sans rien dire,
Comme les hommes font quand ils parlent entre eux?

LÉONA.

J'aime mieux dormir... Cherche un sujet plus heureux.

SILVIA.

Je ne trouve plus rien.

CARMEN.

Le dessin, la peinture,
Peuvent...

SILVIA.

Point de travail en été!

LÉONA.

La lecture
N'est pas un dur travail; on peut bien, en lisant,
S'amuser jusqu'au soir.

SILVIA.

Mais quel livre amusant
Choisirons-nous?

LÉONA.

C'est vrai.

SILVIA.

Voilà le difficile.

RÉGINA.

J'ai l'histoire, in-quarto, de Naple et de Sicile...

SILVIA.

Garde-la.

CARMEN.

Voilà tout?... Tu n'as point de romans,
Point d'histoires d'amour, point de livres charmants?

RÉGINA.

Rien.

SILVIA.

Mon Dieu! quel ennui! que la minute est lente!
Que le soleil est lourd! que l'heure est accablante!

LÉONA.

Il me vient une idée!

CARMEN.

Ah! voyons!...

LÉONA, d'un ton naïf.

La voici.
C'est un décaméron qu'il faut créer ici.

SILVIA.

L'idée est excellente... Attends, que je vous compte...
Nous sommes dix; tout juste!... Il faut nous dire un conte
Comme au décaméron florentin. C'est charmant!
Une fable très-vraie, une histoire qui ment,
Tout sera bon, pourvu que le récit entraîne!

(A Régina.)

Toi, la plus jeune sœur, tu seras notre reine;
Couronne de quinze ans, couronne de beauté,
Pour nous femmes, voilà la seule royauté.

(A Léona.

C'est à toi de parler la première. Es-tu prête?
Pars... Cherche dans ton cœur, ou cherche dans ta tête
Un sujet larmoyant ou bien gai; tous les tons
Peuvent plaire à l'oreille. Ainsi, nous t'écoutons.

LÉONA.

Je vais donc vous conter une histoire charmante
D'un prince de Sicile et de sa jeune amante
Égarés à la chasse, et, quand il fera nuit,
Ils verront dans les bois une vitre qui luit.
« Quel bonheur! diront-ils; de voir cette lumière! »
Ils doubleront le pas... « Tiens! c'est une chaumière,
Dit le prince, habitée! et par un bûcheron... »

CARMEN, interrompant.

Cherche donc du plus neuf pour un décaméron!
C'est une vieille histoire! on endort avec elle
Tous les enfants...

RÉGINA.

J'en sais une neuve.

LÉONA.

Laquelle?

RÉGINA.

C'est *la Grotte d'azur!*...

CARMEN.

Oh! je la sais!

RÉGINA.

Très-bien.

LÉONA.

Moi, je la sais aussi.

SILVIA.

Mais, moi, je ne sais rien.

RÉGINA.

Tu te tairas... Mes sœurs, c'est un bon exercice
Pour apprendre à conter; il faut qu'on réussisse
Du premier coup.

CARMEN.

Partons.

RÉGINA.

Chacune de vous doit
Écouter, attentive au signe de mon doigt;
Ce signe la mettant sur la route tracée,
Vite elle poursuivra l'histoire commencée,
Soit en récit parlé, soit avec des chansons.
Est-ce compris?

ALBENZA.

Très-bien !

RÉGINA.

Silence !... Commençons...
Mais tout bien réfléchi, ma tâche étant fort rude,
Chères sœurs, vous allez chanter, comme prélude,
Un de vos jolis airs. Ainsi j'aurai le temps
De bien me recueillir : chantez quelques instants...

. . . .

. . . .

Notre histoire appartient, je crois, au moyen âge ;
On dansait à Capri, là, dans le voisinage,
Sur la grotte d'azur, car deux nobles maisons
Unissaient, ce jour-là, leurs illustres blasons.
Les deux jeunes amants, époux après la messe,
Se regardaient avec des yeux pleins de tendresse,
Et, trouvant que la fête était longue, ils marchaient
Loin du bal, sous des pins massifs qui les cachaient.
Antonio portait, dans cette promenade,
Le costume charmant des Mores de Grénade,
Le pourpoint où brillait son écu de baron,
Et le feutre garni de plumes de héron.
Flavia ressemblait à la vierge d'un rêve,
La fille la plus belle entre les filles d'Ève,
Celle qui marche et crée une fleur sous ses pas,
Celle que l'homme cherche et qu'il ne trouve pas.
Les mariniers de l'île, accourus de la plage,
La mandoline en main, chantaient ce mariage ;
Mais on ne chantait plus quand on approchait d'eux,
On s'écriait en chœur : « Qu'ils sont beaux tous les deux ! »

Ils étaient arrivés... là... sur le promontoire,
Lorsque...

(Régina fait signe à Silvia de continuer.)

SILVIA.

Je ne sais rien, j'ignore cette histoire...

RÉGINA.

N'importe, continue...

LÉONA, à Silvia.

Allons, poursuis...

RÉGINA, à Silvia.

Allons...

SILVIA, se résignant.

Lorsqu'un doux chant, redit par l'écho des vallons,
Chant d'un sage, entonné sous le pampre des treilles,
Comme un conseil antique arrive à leurs oreilles.

RÉGINA.

C'est très-bien ! à parler on n'est pas toujours prompt,
Celles qui n'auront rien à dire, chanteront.

(Régina fait signe à Silvia.)

SILVIA.

« Oui, dit Antonio, ce chant qui nous arrive
Est plein de bons conseils. » Et tous deux sur la rive
Prêtaient l'oreille encore au dernier vers du chant,
Et regardaient la mer et le soleil couchant.
La mer, saphir doré, comme un miroir unie,
Déroulait à leurs yeux sa splendeur infinie,

LA GROTTE D'AZUR.

En soulevant à peine, avec un bruit léger,
La barque retenue au tronc d'un oranger.
« Oh! la grotte d'azur à cette heure est bien belle!
Dit Flavia; montons tous deux dans la nacelle,
Et visitons la grotte. — Oui, dit son jeune amant,
On ne peut pas choisir un plus heureux moment :
Pas le moindre danger! Viens, suis-moi, mon amie;
Le vent meurt aux vallons, la mer s'est endormie,
La promenade est douce et le retour est sûr,
Allons parler d'amour dans la grotte d'azur. »
Une joie enfantine inondait leurs deux âmes;
Antonio s'assit sur le banc, prit les rames
Et vogua vers la grotte, et, la barque glissant,
Ils entrèrent bientôt tous deux en se baissant.
Il n'est rien de plus beau! La mer limpide inonde
Le pavé rocailleux de l'immense rotonde,
Ce temple de géants que Dieu même bâtit
Pour mieux nous démontrer combien l'homme est petit.
Rien n'est plus doux à voir; l'algue verte et la mousse
S'y colorent partout d'une lumière douce,
Et les mille reflets de son prisme changeant
Courent sur le saphir et le sable d'argent.
Mais ce que l'œil jamais n'a vu sur notre terre,
Un prodige inouï resté dans son mystère,
C'est la teinte d'azur, gaze du firmament,
Qui flotte sur les corps ainsi qu'un vêtement,
Et, dans ce temple saint, ouvert par la nature,
Suspend à larges plis sa splendide tenture!
Nos ancêtres ont dit que la grotte autrefois,
Au coucher du soleil, retentissait de voix :
C'était l'antique plainte, au Caucase chantée,
Que les nymphes des mers dirent à Prométhée,
Ce chant athénien dont la mâle douceur.

Consolait sur son roc le titan ravisseur.

(Régina fait signe à Léona.)

LÉONA.

Les deux jeunes époux contemplaient dans l'extase
L'atmosphère d'azur, la vaporeuse gaze
Qui flottait sous la voûte, et ne se doutaient pas
Du péril que la mer amenait sous leurs pas.
On entendait le vent; sous la roche abaissée,
On voyait au dehors la vague hérissée
Toute blanche d'écume; ensuite l'horizon
S'évanouit; la grotte était une prison.
La mer montait, la nuit arrivait avec elle!
Plus d'azur; le courant tourmentait la nacelle...
On n'entendit plus rien, que le flot irrité
Mugissant sous la voûte et dans l'obscurité;
Un instant changea tout. C'est en de tels orages
Qu'on juge les grands cœurs et les nobles courages!
« Viens! donne-moi ta main et je te guiderai;
Nous périrons ensemble ou je te sauverai! »
S'écria le jeune homme; et, qui pourrait le croire!
La femme était joyeuse, et, sous la voûte noire,
Dans sa tombe invisible, il lui semblait bien doux
De mourir la première aux bras de son époux.

SILVIA.

Les temps sont bien changés depuis le moyen âge!
Qui voudrait aujourd'hui d'un pareil mariage?

LÉONA.

Antonio, longtemps par la barque conduit
Au hasard, sur un roc échoua dans la nuit;

LA GROTTE D'AZUR.

Il avança le pied et chercha dans le vide
Aux confins de la grotte un terrain plus solide;
Il le trouva : les rocs, débris des hauts piliers,
S'alignent sur ce point comme des escaliers,
Et la mer, atteignant sa limite profonde,
Dans ses plus grands courroux jamais ne les inonde.
C'est là que descendit le jeune homme, et sa main,
A tâtons, dans la nuit, se cherchait un chemin.
Tout à coup dans la grotte une musique tendre
Descendit par échos; on eût dit, à l'entendre,
Que le roc vif était une mince cloison
Ouverte aux moindres bruits venus de l'horizon.
Les deux jeunes époux, à cette autre merveille,
Prêtèrent en silence une attentive oreille,
Comme des naufragés qui, sur des rocs déserts,
Écouteraient des voix errantes dans les airs.

(Régina fait un signe à Albenza.)

ALBENZA, déclamant.

Écoute ce que disent
Les oiseaux passagers,
Les flots bleus qui se brisent
Au pied des orangers,
Les arbres sur les cimes
Qui bordent l'horizon,
Les eaux dans les abîmes,
Les fleurs sur le gazon;
Écoute ici les voix
Qui sont au fond des bois;

Écoute ce que chantent
Les artistes des airs,
Sylphes qui nous enchantent
Dans leurs vagues concerts;

Écoute dans la plaine
Ou sur les hauts sommets
L'harmonieuse haleine
Qui ne s'éteint jamais...
Le soir, la nuit, le jour,
C'est la voix de l'amour!

(Régina fait signe à Carmen.)

CARMEN.

Rien de ce chant n'était perdu; pas une note
Ne s'égarait en route; on eût dit que la grotte,
Bien mieux qu'un écho sourd, à l'oreille incertain,
Elle-même chantait cet air napolitain.
Tous deux ensevelis comme au fond d'un cratère,
Nos deux époux sondaient l'insoluble mystère
Et ne l'expliquaient pas; ils entendaient toujours
De la profonde mer les mugissements sourds;
Les rafales du vent, les vagues divisées
Par le haut promontoire et sur le roc brisées,
Ce lugubre concert de formidables bruits
Qui double les terreurs dans les terreurs des nuits.
A l'heure d'agonie et du péril suprême,
Quand l'espoir, l'immortel espoir est mort lui-même,
Un noble instinct toujours nous fait lever les yeux
Vers l'espace sublime où s'étendent les cieux.
Comme des profondeurs d'un puits étroit et sombre
Que le roc a garni d'aspérités sans nombre,
Antonio vit luire une étoile, en disant
La prière d'espoir du pauvre agonisant;
Et, dans sa joie, il crut que de l'azur sublime
L'œil d'un ange plongeait jusqu'au fond de l'abîme,
Montrant le roc fendu par la céleste main,
Et l'abîme sauveur qui servait de chemin.

RÉGINA, se faisant un signe à elle-même.

« Mets tes pas dans mes pas ; la vie est sur ma tête,
S'écria le mari. — Pour mourir je suis prête,
Lui dit sa jeune femme ; empêche jusqu'au bout
Que je me sauve seule, et je te suis partout. »
Le sentier était rude et vertical, humide
Surtout : Antonio posait un pied timide
Sur les rochers saillants, redoutables appuis ;
Et, cramponnant ses doigts aux parois de ce puits,
Il avançait un peu, s'assurait si la pierre
Résistait, et sa main, étendue en arrière,
Cherchait un autre corps dans l'ombre, et, l'enlevant,
Le plaçait près de lui sur l'escalier mouvant. —
Le cœur serré, la glace au front, la flamme aux lèvres,
On fait de ces travaux dans le songe des fièvres. —
Bien souvent la sueur de l'effroi l'inondait
Lorsqu'ainsi cheminant à tâtons, il sondait
Le vide et qu'il touchait, par ses doigts aperçue,
Une roche en saillie et fermant toute issue,
Et qu'au fond de son cœur il disait : « Pauvre enfant !
Je vais l'ensevelir dans ce roc étouffant ! »
Il ne la voyait plus au-dessus de sa tête,
L'étoile qui du gouffre illuminait la crête ;
Il avait disparu, ce doux phare des cieux,
Et la nuit du néant, seule, aveuglait ses yeux.
« Courage ! disait-il ; car Dieu veut que tu vives,
Pauvre femme ! » Et, perçant les ténèbres massives,
Il cherchait un nouveau chemin, en s'étonnant
De retrouver chez lui l'espoir en le donnant...
Tout à coup un air pur, une céleste effluve,
Les baumes de la mer qui baigne le Vésuve
Descendent dans le gouffre, et ce parfum si doux,
Messager de la vie, arrive aux deux époux.

« Ce n'est point une erreur, dis-moi, ma bien-aimée,
S'écrie Antonio, c'est la brise embaumée,
C'est le souffle du golfe !... — Oui, je le reconnais,
Dit la femme; ô mon Dieu! dans cet air je renais!... »
Alors, renouvelant son haleine épuisée,
Le jeune époux monta par une route aisée;
Et quel nouveau bonheur vint éclater en eux
Quand ils virent le ciel, l'horizon lumineux,
Toute la pompe enfin dont Naples se décore
Sous les premiers rayons de la naissante aurore!
« Dieu, s'écrièrent-ils, a pris pitié de nous,
Il nous rend à la vie! » Et, tombant à genoux,
Ils mêlèrent leurs voix à ces concerts sublimes
Qui montent des vallons, des arbres, des abîmes,
Pour dire à la nuit sombre un magnifique adieu,
Et bénir le soleil, qui représente Dieu.

SILVIA.

(Elle fait un signe à ses compagnes, qui se rangent autour d'elle pour l'écouter.)

Vous pouvez regarder, mes sœurs, comme notoire,
Une moralité qui sort de cette histoire;
La voici : — Deux époux, deux jeunes amoureux,
Savourant le bonheur si rare d'être heureux,
Doivent être prudents, doivent veiller sans cesse
Sur tous leurs premiers pas, veiller sur leur jeunesse.
Comme l'avare fait, quand il garde si bien
Un précieux trésor qui ne lui sert à rien.
La fortune est jalouse, elle est femme : infidèle
A tous ses favoris lorsqu'ils abusent d'elle;
Il faut bien la soigner quand on la tient. Ainsi,
Mes sœurs, quand vous aurez un jeune époux aussi,

Et qu'il vous aimera d'un amour moyen âge,
Comme on n'en trouve plus dans notre voisinage,
De loin méfiez-vous des mirages d'azur;
Méfiez-vous des flots, le rivage est plus sûr.
N'allez pas dans un gouffre, où de ténébreux voiles
Vous cachent le soleil et les saintes étoiles.
Vivez au doux éclat de la nuit et du jour,
Entre deux horizons, cadre d'or de l'amour;
Vivez dans vos jardins, où l'atmosphère est douce,
Près d'un lac dont le flot jamais ne se courrouce,
Et, sans poser partout un pied trop hasardeux,
Dans ce monde si beau n'admirez que vous deux.

UNE VEUVE INCONSOLABLE

OU

PLANÈTE ET SATELLITES

COMÉDIE EN QUATRE PARTIES, EN PROSE

Représentée à Paris, sur le théâtre de l'Odéon.

PERSONNAGES :

LÉON D'ORVIGNY, 25 ans........................	MM. Clarence.
HIPPOLYTE JONSAC, 22 ans....................	Moreau-Sainti.
GABRIEL LOROT, 24 ans.........................	Larochelle.
BARALIER, 54 ans...................................	Anselme.
LEMIGNARD, 75 ans................................	Gamard.
MADAME DE SAINT-MARC, 24 ans...........	Mlle Baptistè.
MADEMOISELLE DESBUISSONS CADETTE..	Mmes Payre.
CHARLOTTE, 26 ans................................	Herbel.

La scène se passe, en 1850, au château de madame de Saint-Marc, dans Seine-et-Oise.

UNE
VEUVE INCONSOLABLE

ou

PLANÈTE ET SATELLITES

PREMIÈRE PARTIE

Un salon de château ouvert sur les jardins et la campagne.

SCÈNE PREMIÈRE

MADAME DE SAINT-MARC, CHARLOTTE.

(Au lever du rideau, madame de Saint-Marc est endormie sur un fauteuil. Charlotte lit devant un guéridon.)

CHARLOTTE, lisant.

« Qu'est-ce que le doute ? s'est demandé un ancien, et, après avoir réfléchi, il s'est répondu : Le doute est le sommeil de l'âme, et ce sommeil est moins doux que celui du corps, parce qu'il n'a point de rêves. Tous les métaphysiciens... » (Regardant madame de Saint-Marc.) Bien ! madame de Saint-Marc s'est endormie !... (Un moment de silence ; madame de Saint-Marc se réveille.) « Tous les métaphysiciens sont d'accord sur... »

MADAME DE SAINT-MARC.

Assez, Charlotte, assez !

CHARLOTTE.

Vous ne voulez pas savoir sur quoi tous les métaphysiciens sont d'accord ?

MADAME DE SAINT-MARC.

Cela m'est bien égal.

CHARLOTTE.

Il faut bien tuer le temps de quelque manière...

MADAME DE SAINT-MARC.

Je ne veux pas le tuer de cette manière-là... Mais où donc prends-tu ces livres, Charlotte ?

CHARLOTTE.

Ce sont des livres de bibliothèque... Puisque vous ne voulez pas lire de romans, il faut bien nous rabattre sur les ouvrages sérieux.

MADAME DE SAINT-MARC.

J'aime mieux ne rien lire ; c'est plus instructif et plus amusant.

CHARLOTTE.

Comment passerez-vous, madame, les deux heures qui suivent votre déjeuner ?

MADAME DE SAINT-MARC.

Quand je saurais ne pas les passer du tout, je supprime la lecture dans ce château.

CHARLOTTE.

Vous avez déjà supprimé la promenade, le whist, la société, la musique, le chant, le piano, le feuilleton, et maintenant la lecture...

MADAME DE SAINT-MARC.

Est supprimée comme tout le reste.

CHARLOTTE.

Et que garderez-vous pour vous amuser?

MADAME DE SAINT-MARC.

L'ennui.

CHARLOTTE.

C'est bien triste.

MADAME DE SAINT-MARC.

Mais c'est honorable.

CHARLOTTE.

Il est évident que, si vous n'avez plus que ce compagnon, la médisance ne troublera pas votre veuvage.

MADAME DE SAINT-MARC.

Sais-tu bien ce que c'est que le veuvage?

CHARLOTTE.

C'est la consolation du mariage, madame.

MADAME DE SAINT-MARC

Charlotte, parlons sérieusement.

CHARLOTTE.

Je suis veuve comme vous, madame, et je ne plaisante point sur mon état.

MADAME DE SAINT-MARC.

Mais tu peux vivre à la fantaisie, toi, Charlotte; tu n'as pas, comme moi, ces voisines bavardes, ces trois sœurs Desbuissons qui s'occupent de tes affaires.

CHARLOTTE.

Eh! j'ai leurs trois femmes de chambre, qui s'en occupent; moi aussi, madame, je suis obligée de me garder à vue; j'ai ma modeste réputation à défendre contre nos voisins.

MADAME DE SAINT-MARC.

Ah! mon Dieu! qu'il est difficile d'être veuve!

CHARLOTTE.

Je vous servirai toujours d'écho, quand vous direz cela.

MADAME DE SAINT-MARC.

Charlotte... ce salon m'étouffe... je vais m'accorder une petite promenade autour de l'étang...

CHARLOTTE.

C'est bien dangereux, madame.

MADAME DE SAINT-MARC.

Je le sais, Charlotte; mais je vais mourir dans ces quatre murs.

CHARLOTTE.

C'est moins dangereux.

MADAME DE SAINT-MARC.

Crois-tu que les trois sœurs Desbuissons parleront de cette petite promenade?

CHARLOTTE.

Si je le crois!... elles en parleront quinze jours!

MADAME DE SAINT-MARC.

Une promenade si innocente?...

CHARLOTTE.

Il n'y a point d'innocence pour la calomnie. Ces trois parques diront que vous avez choisi, *par hasard*, la promenade de l'étang parce que la grille de votre parc s'ouvre, *par hasard*, de ce côté, sur la cour de la caserne de cavalerie, où se promène, *par hasard*, l'état-major d'un régiment de dragons.

MADAME DE SAINT-MARC.

Quelle horreur! elles diront cela?...

CHARLOTTE.

Elles l'ont déjà dit; elles le rediront, madame, et la calomnie ricochera de châteaux en châteaux, par les stations du chemin de fer, dans tout le département de Seine-et-Oise ; avant la fin du jour, vous serez fiancée à tout l'état-major.

MADAME DE SAINT-MARC.

Hélas! c'est pourtant vrai!

CHARLOTTE.

Vous êtes une veuve de dix mois, vous, madame, et je compte déjà six ans de service dans le veuvage; voyez quelle expérience j'ai sur vous! il y a des sœurs Desbuissons partout. Si j'avais eu pour amants tous ceux qu'on m'a prêtés, j'aurais épuisé tous les noms d'homme de l'almanach, depuis Clair jusqu'à Sylvestre, et la vérité pure est que mon pauvre mari a été mon dernier amant.

MADAME DE SAINT-MARC.

Eh bien, Charlotte, avec ton expérience de six ans, quel conseil peux-tu me donner pour abriter l'honneur de mon veuvage contre les trois sœurs Desbuissons? J'avais trouvé un moyen qui me paraissait bon, pour me donner une espèce de protecteur dans mon isolement, sans défense, et j'avais agi, en cette occasion, d'après ton conseil...

CHARLOTTE.

Ah! je sais! votre jeune cousin, M. Hippolyte Jonsac : il n'a pas même répondu à votre lettre depuis quinze jours.

MADAME DE SAINT-MARC.

J'avais pourtant flatté les goûts de mon jeune cousin ; il n'a qu'une passion, la chasse, et j'avais livré mes bois et mon parc à son indiscrétion de chasseur.

CHARLOTTE.

Il faut renoncer à la protection de M. Hippolyte. Au reste, madame, c'est peut-être un bonheur ; un cousin compromet les jeunes veuves comme un autre homme, et le monde ne croit plus aux cousins.

MADAME DE SAINT-MARC.

Hippolyte n'a pas voulu me répondre, n'en parlons plus.

CHARLOTTE.

N'en parlons plus. Me permettez-vous, madame, de vous parler avec franchise ?...

MADAME DE SAINT-MARC.

Parle comme tu voudras : de veuve à veuve, on ne doit pas se gêner.

CHARLOTTE.

Madame, vous avez fait une grande faute en laissant graver les mots de *veuve inconsolable* sur la tombe de votre mari.

MADAME DE SAINT-MARC.

Le sculpteur m'a dit que c'était l'usage et que cela n'engageait à rien. « C'est le style lapidaire, m'a-t-il dit ; ce sont des mots qui n'empêchent pas une veuve de se consoler quand cela lui convient. »

CHARLOTTE.

Eh bien, si vous êtes rassurée sur le style lapidaire, remariez-vous.

MADAME DE SAINT-MARC.

Oh! jamais, jamais!

CHARLOTTE.

Vous avez été pourtant très-heureuse dans votre premier mariage.

MADAME DE SAINT-MARC.

Voilà précisément ce qui m'éloigne du second; le hasard ne favorise pas une femme deux fois.

CHARLOTTE.

Alors, résignez-vous, madame, à subir toute votre vie les trois sœurs Desbuissons.

MADAME DE SAINT-MARC.

Trois vieilles femmes décrépites qui vont mourir un de ces jours!

CHARLOTTE.

Oh! ne croyez pas cela, madame : les vieilles demoiselles meurent très-difficilement. La mort n'a aucun prétexte raisonnable pour les emporter; mais, en supposant, madame, que vos trois voisines arrivent un de ces jours à la fin de leur éternité, leur espèce ne sera pas enterrée avec elles; la souche ne sera pas coupée à la racine; d'autres voisines accepteront l'héritage et se constitueront les geôlières de votre vertu ; à toutes les grilles, sur tous les murs, sous les arbres de votre parc, il y aura toujours des yeux cachés dans la mousse, comme des vers luisants, et ces yeux ne verront jamais la chose innocente que vous avez faite, et verront toujours l'acte coupable que vous n'avez pas fait.

MADAME DE SAINT-MARC.

Elle a raison. (Réfléchissant.) Eh bien, il ne faut pas faire les choses à demi. Je dois tout sacrifier à ma réputation ; je me souviens de ce que j'ai promis sur une tombe.

CHARLOTTE.

Ah! madame, il ne faut jamais rien promettre sur des tombes!...

MADAME DE SAINT-MARC.

Enfin, c'est promis!

CHARLOTTE.

Le mal est fait.

MADAME DE SAINT-MARC.

Soit... Écoute, Charlotte, tu m'es dévouée?...

CHARLOTTE.

Éprouvez-moi.

MADAME DE SAINT-MARC.

Consens-tu à t'ensevelir vivante, avec moi, dans ce château?

CHARLOTTE.

Oui.

MADAME DE SAINT-MARC.

A vivre comme si tu étais morte?

CHARLOTTE.

Oui, madame.

MADAME DE SAINT-MARC.

A partager tous mes ennuis de veuve, comme tu fais depuis dix mois?

CHARLOTTE.

Je consens à subir tout ce que vous subirez, même le bonheur, s'il vient.

MADAME DE SAINT-MARC.

Eh bien, je vais faire de ce château un vrai couvent.

CHARLOTTE.

Oui, vous serez la supérieure, et, moi, je serai le couvent.

MADAME DE SAINT-MARC.

Nous nous cloîtrons.

CHARLOTTE.

Nous nous cloîtrons.

MADAME DE SAINT-MARC.

Et nous ne recevrons aucune visite.

CHARLOTTE.

Aucune... excepté celle des sœurs Desbuissons...

MADAME DE SAINT-MARC.

Oui, pour les humilier de notre vertu. Ton idée est bonne.

CHARLOTTE.

Elles rougiront de nous voir au couvent, elles qui courent le monde.

MADAME DE SAINT-MARC.

C'est décidé... Charlotte, ferme toutes les portes et toutes les fenêtres de ce salon.

CHARLOTTE.

En attendant de les faire murer.

MADAME DE SAINT-MARC.

Tu diras à mon portier de la grille que je le destitue...

CHARLOTTE.

Pauvre homme! il a soixante et dix ans.

13

MADAME DE SAINT-MARC.

C'est un homme... Il faut ôter tout prétexte aux sœurs Desbuissons.

CHARLOTTE.

Voilà du luxe, par exemple!

MADAME DE SAINT-MARC.

Tu diras au portier que je lui assure une pension de six cents francs; sa femme le remplacera.

CHARLOTTE.

Et nous verrons maintenant si on peut être veuve avec tranquillité!

MADAME DE SAINT-MARC.

Je veux donner cette leçon à mon sexe.

CHARLOTTE.

Il n'en profitera pas.

MADAME DE SAINT-MARC.

Tant mieux! Je ne partagerai ma gloire avec personne.

CHARLOTTE, se désignant.

Vous oubliez le couvent.

MADAME DE SAINT-MARC.

C'est juste. Eh bien, je ne la partagerai qu'avec toi. (On entend au dehors les cris d'une multitude. Les deux femmes écoutent en silence.)

CHARLOTTE.

Ah! mon Dieu! qu'est-il arrivé là-bas?

MADAME DE SAINT-MARC.

Sans doute une révolution...

CHARLOTTE.

Quel bonheur!

MADAME DE SAINT-MARC.

Tu t'ennuies déjà au couvent, Charlotte?

CHARLOTTE.

Non, madame; mais une révolution donne toujours trois bonnes journées d'amusement!

MADAME DE SAINT-MARC.

Oui, et à la quatrième, on recommence à s'ennuyer comme auparavant.

SCÈNE II

MADAME DE SAINT-MARC, CHARLOTTE, LE PORTIER.

LE PORTIER.

Madame! madame! un jeune homme vient de se noyer dans votre étang.

MADAME DE SAINT-MARC.

Ah! mon Dieu!

LE PORTIER.

Mais rassurez-vous, madame : des jardiniers l'ont retiré de l'eau, et l'ont porté à votre ferme, où les secours viennent de le rappeler à la vie ; le père Gervais lui a prêté ses habits des dimanches, afin qu'il puisse décemment rentrer chez lui.

CHARLOTTE.

Madame, faites donc demander ce jeune homme, qui a l'audace de venir se noyer chez vous.

MADAME DE SAINT-MARC.

Mais conçoit-on une pareille insolence! Et comment se

fait-il que ce jeune homme ait choisi exprès mon étang pour se noyer?

CHARLOTTE.

A-t-on idée d'une pareille inconvenance! choisir exprès l'étang de madame pour un suicide! On dirait que nous manquons de rivières dans le département de Seine-et-Oise.

MADAME DE SAINT-MARC.

Les trois demoiselles Desbuissons ne manqueront pas de faire circuler que ce jeune homme s'est noyé à mon intention.

CHARLOTTE.

Elles l'ont déjà dit.

MADAME DE SAINT-MARC.

A cet âge, on ne se tue que par amour...

CHARLOTTE.

C'est encore ce qu'elles ont dit.

MADAME DE SAINT-MARC.

Elles disent donc tout?

CHARLOTTE.

Tout, excepté le vrai.

MADAME DE SAINT-MARC.

Oh! cette fois, je veux arrêter la calomnie à sa source.

CHARLOTTE.

Elle a déjà pris le chemin de fer; elle sera au Havre dans cinq heures, convoi direct.

MADAME DE SAINT-MARC.

Charlotte, je vais avoir une explication sérieuse avec ce jeune homme.

CHARLOTTE.

Adieu le couvent! (Elle sort.)

MADAME DE SAINT-MARC.

Une explication, en plein midi, devant témoins, et l'on verra bien, à l'air dont je lui parlerai, que je n'ai aucune sympathie pour les gens qui viennent se noyer chez moi. (Charlotte rentre.)

SCÈNE III

Les Mêmes, puis LÉON D'ORVIGNY.

LE PORTIER, annonçant.

Entrez, monsieur; voici madame.
(Entre Léon d'Orvigny portant un costume de fermier. Il est très-pâle et son organe est d'une lenteur mélancolique.)

MADAME DE SAINT-MARC.

Il a l'air bien malheureux.

CHARLOTTE.

Et le costume ne le flatte pas.

LÉON D'ORVIGNY.

Madame, j'ai obéi.

MADAME DE SAINT-MARC.

Monsieur, je suis ravie de vous voir sain et sauf; mais vous m'obligeriez beaucoup si vous m'exposiez la raison qui vous a fait donner la préférence à mon étang sur toutes les pièces d'eau du voisinage.

LÉON D'ORVIGNY.

Madame, je n'ai aucune préférence; le hasard m'a conduit chez vous, l'accès du désespoir m'a saisi devant votre étang, et ma raison n'a pu retenir ma tête, je suis tombé! Je comprends, maintenant, devant vous, que mon suicide est plus qu'un crime : c'est une impolitesse; une autre fois, je me contenterai d'être criminel.

MADAME DE SAINT-MARC.

Comment, monsieur, vous vous proposez de recommencer?

LÉON D'ORVIGNY, avec une mélancolie profonde.

Il le faut bien.

MADAME DE SAINT-MARC.

A votre âge, monsieur, quel si grand malheur peut exciter en vous un désespoir si acharné? Veuillez bien excuser l'indiscrétion de ma demande.

LÉON D'ORVIGNY.

Votre demande est toute charitable, et n'est point indiscrète.

MADAME DE SAINT-MARC.

Peut-être une passion contrariée...?

LÉON D'ORVIGNY.

Non, madame; une passion contrariée m'eût donné la vie.

MADAME DE SAINT-MARC.

La perte d'une fortune...?

LÉON D'ORVIGNY.

Non, madame; ma fortune me donne l'aisance : j'ai onze mille francs de rente, et ma maison de campagne est à cinq minutes de ce château.

MADAME DE SAINT-MARC.

Votre santé...?

LÉON D'ORVIGNY.

Est excellente, madame; je possède tout ce qui fait la joie des autres hommes; il ne me manque rien pour être heureux.

MADAME DE SAINT-MARC.

Et vous êtes malheureux?

LÉON D'ORVIGNY.

Je n'ai point dit cela, madame.

MADAME DE SAINT-MARC.

Alors, monsieur, je ne vous comprends pas.

LÉON D'ORVIGNY.

Cela ne m'étonne pas.

CHARLOTTE.

Ni heureux ni malheureux, c'est une horrible position!

LÉON D'ORVIGNY.

L'ennui me tue, madame, voilà!

MADAME DE SAINT-MARC, avec un soupir.

Je comprends!

CHARLOTTE, de même.

Nous comprenons!

MADAME DE SAINT-MARC.

Vous n'aimez donc rien en ce monde?

LÉON D'ORVIGNY.

Rien, madame, pas même l'amour.

CHARLOTTE.

Ah! mon Dieu!

LÉON D'ORVIGNY, *s'inclinant pour prendre congé.*

Madame, permettez-moi de me retirer.

MADAME DE SAINT-MARC.

Monsieur !

CHARLOTTE.

Madame, ne laissez pas partir monsieur, il va se renoyer.

MADAME DE SAINT-MARC.

Monsieur, je me crois obligée, en conscience, de vous demander si vous allez sortir de ce château avec de meilleures intentions?

LÉON D'ORVIGNY.

Madame, mes intentions sont immuables. Je vais retrouver dans le monde tout ce que je croyais y avoir laissé ; vos jardiniers, en me sauvant, ne m'ont accordé qu'un sursis. Je suis irrévocablement condamné.

MADAME DE SAINT-MARC.

Alors, monsieur, ma religion me défend de vous laisser sortir !

CHARLOTTE.

Vous êtes notre prisonnier ; nous ne voulons pas avoir la mort d'un homme sur la conscience.

LÉON D'ORVIGNY.

Il me serait bien aisé de vous tromper, madame, sur mes intentions... mais j'aime mieux accepter toutes les conséquences de ma *franchise*.

MADAME DE SAINT-MARC.

Vous ne vous intéressez donc à personne, monsieur? et personne ne s'intéresse à vous?

LÉON D'ORVIGNY.

Je suis orphelin, madame... Le suicide est l'expression suprême de l'égoïsme... celui qui se tue n'aimait que lui.

CHARLOTTE.

Mais nous nous intéressons à vous, madame et moi.

MADAME DE SAINT-MARC.

Sans doute; et n'êtes-vous pas engagé de reconnaissance et d'amitié envers ceux qui vous ont sauvé de la mort à leurs risques et périls?

LÉON D'ORVIGNY.

Ceux-là, je ne les oublierai pas : ma fortune leur appartient ou va leur appartenir...

MADAME DE SAINT-MARC.

Ce sont des services qui ne se payent pas avec de l'argent.

LÉON D'ORVIGNY.

De quelle manière voulez-vous que je les paye, madame?... Je les payerai.

MADAME DE SAINT-MARC.

En renonçant à vos projets de mort.

LÉON D'ORVIGNY.

J'essayerai de vivre, madame... *mais*...

MADAME DE SAINT-MARC.

Oh! point de *mais*... Vous avez été sauvé chez moi par mes gens, je vous ordonne de vivre, et vous vivrez; votre premier suicide a été, dites-vous, une impolitesse; le second serait une ingratitude... Vous ne serez pas ingrat.

LÉON D'ORVIGNY.

Si quelque chose, madame, peut me réconcilier avec la

vie, c'est l'intérêt que votre grâce charmante daigne porter à un malheureux.

MADAME DE SAINT-MARC.

Comment osez-vous vous dire malheureux! Laissez cette plainte à ceux qui souffrent des maux véritables.

CHARLOTTE.

Et qui n'ont pas onze mille francs de rente.

LÉON D'ORVIGNY.

Eh bien, mes onze mille francs de rente jouent un grand rôle dans la liste de mes ennuis... Ce chiffre boiteux *onze*, qui ne s'accorde pas avec les douze mois de l'année, me tourmente au delà de toute expression... Ne riez pas, madame ceci est grave... J'éprouve chaque matin une tentation fatale à laquelle je succomberai tôt ou tard pour donner à mes revenus le douzième qui leur manque; je sens que je me lancerai dans quelque tripotage de bourse, dans quelque machination de chemin de fer, et que je me ruinerai complétement à la poursuite de ce douzième. Tout cela est absurde, j'en conviens, absurde pour les autres et très-raisonnable... à mes yeux; je regarde le chiffre onze comme un ennemi mortel.

MADAME DE SAINT-MARC.

Si tous les malheurs qui vous tourmentent sont de la nature de celui-ci, je ne désespère pas de votre guérison.

LÉON D'ORVIGNY.

Maintenant, madame, daignez-vous donner la liberté à votre prisonnier?

MADAME DE SAINT-MARC.

Oui, mais à condition que mon prisonnier méritera sa liberté.

LÉON D'ORVIGNY.

Je serai reconnaissant, madame.

MADAME DE SAINT-MARC.

Et vous viendrez tous les jours exprimer votre reconnaissance à ceux qui vous ont sauvé, jusqu'à votre complète guérison.

LÉON D'ORVIGNY.

Tous les jours, madame; je me survis à moi-même, ou, pour mieux dire, ma vie commence aujourd'hui. (Il salue respectueusement et sort.)

SCÈNE IV

MADAME DE SAINT-MARC, CHARLOTTE, LE PORTIER.

CHARLOTTE.

Mon Dieu! qu'il est doux de faire une bonne action!

MADAME DE SAINT-MARC.

Et à peu de frais.

CHARLOTTE.

Maintenant, il nous est permis de rire! Quelle tournure grotesque! un homme n'est pas dangereux avec cet habit de fermier d'opéra-comique.

MADAME DE SAINT-MARC.

Ah! j'y pense maintenant!.. nous avons oublié de lui demander son nom.

CHARLOTTE.

J'ai cru toujours voir devant nous le père Gervais endimanché ; je n'ai pas songé, moi, à lui donner un autre nom que celui de votre fermier.

LE PORTIER, annonçant.

Mademoiselle Baptistine Desbuissons cadette. (Il sort.)

MADAME DE SAINT-MARC.

Je me sauve... Reçois-la, Charlotte, et ménage-la.

CHARLOTTE.

Soyez tranquille, je la ménagerai en la déchirant.

SCÈNE V

CHARLOTTE, MADEMOISELLE DESBUISSONS CADETTE, LEMIGNARD.

MADEMOISELLE DESBUISSONS.

Madame de Saint-Marc est-elle visible ?

CHARLOTTE.

Oh! oui, mademoiselle, je viens de la voir; mais, aujourd'hui, elle ne sortira pas de son appartement.

MADEMOISELLE DESBUISSONS.

En venant de la messe avec M. Lemignard, je me suis détournée un instant pour demander des nouvelles de votre maîtresse.

CHARLOTTE, offrant des fauteuils.

Si mademoiselle et monsieur veulent se reposer un instant...

MADEMOISELLE DESBUISSONS.

Oui, un instant. La chaleur est accablante.

LEMIGNARD.

Accablante.

MADEMOISELLE DESBUISSONS.

M. Lemignard a bien voulu m'accompagner... Le voisinage de la garnison est fort désagréable; une femme ne peut sortir seule sans s'exposer à quelque avanie; ma sœur aînée, Brigitte, a été suivie hier par un officier de dragons jusqu'à la grille du parc.

CHARLOTTE.

Oh! ces officiers ne reculent devant rien.

LEMIGNARD.

Et, malheureusement, je n'étais pas là!

MADEMOISELLE DESBUISSONS.

Un homme impose toujours.

LEMIGNARD.

Toujours.

MADEMOISELLE DESBUISSONS.

Et dire qu'il faut si peu pour compromettre la réputation d'une femme!

CHARLOTTE.

A tel point que les assiduités de M. Lemignard chez les demoiselles Desbuissons s'interprètent dans le monde d'une étrange manière.

(M. Lemignard bondit sur son fauteuil.)

MADEMOISELLE DESBUISSONS.

Heureusement, les mœurs de M. Lemignard sont au-dessus de tout soupçon : M. Lemignard est marguillier, conseiller municipal, président de la caisse d'épargne et économiste. La calomnie perdra sa dernière dent sur sa virginale réputation.

CHARLOTTE.

Mais je n'ai pas été comprise par mademoiselle Desbuissons; le monde ne calomnie pas les hommes, il ne s'attaque ordinairement qu'aux femmes.

MADEMOISELLE DESBUISSONS.

Vous avez raison, mademoiselle, c'est nous seules, nous, pauvres femmes, qui souffrons de la malignité humaine!.. Pas plus tard que ce matin, à propos du suicide de M. Léon d'Orvigny...

CHARLOTTE.

Ah! il se nomme Léon d'Orvigny?

MADEMOISELLE DESBUISSONS, étonnée.

Vous l'ignoriez?

LEMIGNARD.

Ceci est fort! elle l'ignorait!

MADEMOISELLE DESBUISSONS.

A propos donc du suicide de ce jeune homme que vous ne connaissez pas, n'a-t-on pas dit partout que ce suicide était une feinte amoureuse, et que M. Léon d'Orvigny avait pris le chemin de l'étang, où on ne se noye pas, pour entrer dans ce château, où on se noye!

CHARLOTTE.

Ah! on a dit cela?

MADEMOISELLE DESBUISSONS.

Et tout l'arrondissement, composé de vingt-deux mille électeurs, le redira demain. Je viens donc, en amie charitable, inviter madame de Saint-Marc à faire démentir ce bruit par le journal de Seine-et-Oise.

CHARLOTTE.

Mademoiselle, on ne dément que les bruits vrais dans les

journaux. Quand vos vingt-deux mille électeurs feront courir le bruit que vous exploitez la calomnie et la coquetterie à soixante et quinze ans, je vous conseille de les démentir.

MADEMOISELLE DESBUISSONS, se levant.

Insolente!

LEMIGNARD, d'un ton menaçant, à Charlotte.

S'il y avait ici un homme!

LE PORTIER, annonçant.

M. Léon d'Orvigny!

LEMIGNARD, reculant.

Ah!

MADEMOISELLE DESBUISSONS.

Sortons!

LEMIGNARD.

Oui.

SCÈNE VI

Les Mêmes, LEON D'ORVIGNY, en costume très-élégant.

MADEMOISELLE DESBUISSONS, sortant.

C'est vraiment scandaleux!

LEMIGNARD.

Venez, mademoiselle Desbuissons. (Ils sortent par la porte du fond et saluent Léon d'Orvigny. — La toile tombe.)

DEUXIÈME PARTIE

Même décor.

SCÈNE PREMIÈRE

LÉON D'ORVIGNY, CHARLOTTE.

LÉON D'ORVIGNY.

Je dois ma première visite de convalescence à madame de Saint-Marc...

CHARLOTTE.

Et vous venez payer votre dette.

LÉON D'ORVIGNY.

C'est la première que j'aie contractée de ma vie.

CHARLOTTE.

Alors je comprends votre empressement.

LÉON D'ORVIGNY.

Me permettez-vous d'acquitter la seconde?

CHARLOTTE.

Envers qui?

LÉON D'ORVIGNY.

Envers vous, mademoiselle.

CHARLOTTE.

Je suis votre créancière aussi, moi?

LÉON D'ORVIGNY.

Oui.

CHARLOTTE.

A mon insu probablement.

LÉON D'ORVIGNY.

Qu'importe au débiteur loyal l'ignorance du créancier?

CHARLOTTE.

Soit, j'accepte tout!

LÉON D'ORVIGNY.

Tout?

CHARLOTTE.

Pourquoi pas? C'est si aisé de recevoir.

LÉON D'ORVIGNY.

Mademoiselle, vous m'avez témoigné ce matin le plus vif intérêt.

CHARLOTTE.

Le plus vif, je ne le nie pas.

LÉON D'ORVIGNY.

Je vous prie donc d'accepter comme souvenir une...

CHARLOTTE, vivement.

Oh! de cette manière je n'accepte rien! Vous parlez comme un testament; quittez ce style de moribond devant un notaire, et j'accepterai tout.

LÉON D'ORVIGNY.

Même une bague?..

CHARLOTTE.

Est-ce qu'on refuse une bague?

LÉON D'ORVIGNY, lui donnant un portefeuille.

Eh bien, voilà de quoi la payer. Vous la choisirez à votre goût.

CHARLOTTE.

Et vous ne penserez plus aux étangs, aux rivières, à vos malheureux onze mille francs de rente?

LÉON D'ORVIGNY.

Parole d'honneur! je n'y penserai plus.

CHARLOTTE.

Donnez-moi la bague.

LÉON D'ORVIGNY.

La voilà.

CHARLOTTE.

Puis-je vous rendre un service maintenant?

LÉON D'ORVIGNY.

Un service immense!

CHARLOTTE.

Lequel?

LÉON D'ORVIGNY.

Allez dire à madame de Saint-Marc que, si je n'ai pas le bonheur de la revoir tout de suite, je meurs deux fois dans un jour.

CHARLOTTE.

Ce serait trop... Je vais vous annoncer... Veuillez bien faire deux tours de promenade dans le jardin; madame achève sa toilette.

LÉON D'ORVIGNY, sortant.

J'espère avoir la patience de faire deux tours de promenade.

CHARLOTTE.

Et surtout tenez-vous toujours à deux kilomètres de l'étang.

SCÈNE II

CHARLOTTE, seule, regardant le portefeuille.

O divine curiosité! charmante fille d'Ève! songe du réveil! Comme je me reconnais femme à ce défaut enivrant, que je ne changerais pas contre une vertu! Ouvrons la boîte de Pandore. (Elle ouvre le portefeuille.) Des billets avec des lettres rouges, des billets de cinq mille francs! Autre genre de suicide : il veut se ruiner maintenant... Ah! mon Dieu! un, deux, trois... Je parie qu'il y en a vingt!... tout juste cinq mille francs de rente... il lui en reste six, cinq cents francs par mois, compte rond! Il s'est mis à son aise avec ce cadeau... mais je ne l'accepte pas... Il n'y a pas de bague de cent mille francs. Cependant, lorsqu'il s'agit de rendre la tranquillité d'esprit à un pauvre monomane enclin au suicide, est-il permis de refuser cinq mille francs de rente offerts avec tant de grâce et d'esprit? Non, je ne serai pas ingrate à ce point, je me dévoue, j'accepte; il est si doux d'obliger! et puis, quand il sera plus raisonnable, je lui rendrai peut-être. Moi, je suis de l'avis de M. de Voltaire : demain il fera jour, et la nuit porte avis.

SCÈNE III

CHARLOTTE, MADAME DE SAINT-MARC, toilette de fin de deuil.

MADAME DE SAINT-MARC.

Ne perds pas un instant, Charlotte; il y va de mon honneur, de ma réputation; un seul jour, une seule bonne action peut me compromettre, et m'enlever le fruit de dix mois de veuvage irréprochable.

CHARLOTTE.

Où faut-il courir, madame, pour sauver tout cela?

MADAME DE SAINT-MARC.

Chez mon voisin, M. Baralier.

CHARLOTTE.

A côté de la grille d'entrée; c'est le plus voisin de nos voisins.

MADAME DE SAINT-MARC.

Il faut l'amener ici tout de suite.

CHARLOTTE.

Sous quel prétexte?

MADAME DE SAINT-MARC.

Tu le trouveras... Le jeune homme au suicide est là, dans le jardin... je l'ai reconnu sous sa toilette de dandy... Il va se présenter chez moi; je ne puis m'empêcher de le recevoir : il me faut donc ce voisin Baralier.

CHARLOTTE.

Pour moraliser la situation : c'est un homme de cinquante-quatre ans, chauve, éleveur de vers à soie, agronome, et, de plus, ennuyeux comme l'hiver, bête comme une romance, laid comme un créancier.

MADAME DE SAINT-MARC.

C'est ce qu'il me faut... Esquive-toi par la porte dérobée. Ne perds pas une minute, amène-moi M. Baralier.

CHARLOTTE, *sortant à gauche.*

Ah! madame, que nous sommes loin du couvent!

SCÈNE IV

MADAME DE SAINT-MARC, seule.

Au fond, le monde n'est pas exigeant. Il se contente des apparences. Ce n'est pas ce que nous ensevelissons entre quatre murs qui tue notre réputation; c'est ce que nous affichons en public. Il est moins dangereux quelquefois de cacher un vice que d'étaler une vertu... Mon Dieu! qu'il est difficile de vivre selon les lois que l'homme a faites contre nous!.. (On entend un coup de feu dans la campagne.) Un coup de feu!... Ah! mon Dieu! si c'était encore une seconde folie de ce jeune homme!...

SCÈNE V

MADAME DE SAINT-MARC, HIPPOLYTE, GABRIEL LOROT,
tous deux en costume de chasse.

MADAME DE SAINT-MARC.

Mon cousin!

HIPPOLYTE.

Me voici! me voici! cousine, embrassons-nous! j'ai mis onze jours et demi pour venir de Paris à votre château, à travers bois, plaines, étangs et marécages, toujours chassant comme un braconnier! Je vous présente, cousine, mon ami Gabriel Lorot; il vous demande un asile. L'infortuné a sur le dos quinze procès-verbaux de garde-chasse. Je lui ai promis les douceurs de votre hospitalité.

MADAME DE SAINT-MARC, au comble de l'embarras.

Je ne refuse l'hospitalité à personne ; mais vous savez que je n'ai rien ici de ce que l'hospitalité demande.

HIPPOLYTE.

Il ne demande rien, cousine ; nous, chasseurs, nous nous contentons même de ce qui n'existe pas... Quatre heures de sommeil dans une grange, sur une botte de foin, et, à la pointe du jour, nous revoilà sur pied, au milieu d'un orchestre de chiens, la plus belle des musiques ! et nous réveillons en sursaut tout ce qui dort dans les broussailles, à dix lieues à la ronde, et nous chantons le fameux halali...
En avant, chasseurs ! en avant !
Cousine, je vous dirai le reste plus tard.

GABRIEL LOROT.

Madame, avant de vous voir, je vous avais déjà remerciée de votre bon accueil dans la personne de votre aimable cousin.

HIPPOLYTE.

Bravo ! mon ami ! galant comme un chasseur ! C'est un proverbe de chasseur, ma cousine.

MADAME DE SAINT-MARC.

Oh ! la remarque est inutile ; je l'avais deviné.

HIPPOLYTE.

Je suis heureux, cousine, de vous présenter Gabriel Lorot comme le plus ancien de mes amis.

MADAME DE SAINT-MARC.

Ah !

HIPPOLYTE.

Je n'ai pas d'autre ami, et nous nous connaissons depuis

avant-hier; mais deux jours en chasse, c'est dix ans. Mon père m'a donné un bon conseil : « Mon enfant, m'a-t-il dit toujours, veux-tu ne jamais avoir d'ennemis, ne fais jamais d'amis. » J'ai suivi le conseil tant que j'ai ignoré l'existence de Gabriel Lorot, un jeune homme accompli ; héros de tir et de salle ; héros d'épée et d'arme à feu! passé docteur *in utroque* à la Sorbonne du jardin Mabille, enfin un Pylade de 1850 que mon père n'avait pas prévu quand il m'a donné son conseil.

MADAME DE SAINT-MARC.

Cet éloge est très-flatteur et très-mérité, sans doute ; malheureusement, votre ancien ami ne trouvera dans ce château aucune occasion de faire valoir ses qualités brillantes; le conduisant ici, vous m'avez préparé un regret bien amer, celui de le voir partir trop tôt.

HIPPOLYTE.

Il partira tard, il ne partira pas, nous peuplerons votre solitude, chère cousine.

GABRIEL LOROT.

Trop heureux, madame, de partager notre existence entre la chasse et votre société.

MADAME DE SAINT-MARC, à part.

La belle occasion d'être impolie, si j'osais.

HIPPOLYTE.

Cousine, nous avons, mon ami et moi, un appétit de chasseurs ; j'ai invité Gabriel à déjeuner chez vous.

GABRIEL LOROT.

Sans façon.

HIPPOLYTE.

Non, avec façon; ma cousine a la première table du département.

MADAME DE SAINT-MARC.

Messieurs, je vais donner mes ordres. (Elle salue et sort à gauche.)

SCÈNE VI

GABRIEL LOROT, HIPPOLYTE.

GABRIEL.

La belle créature! je ne partirai jamais! Ta cousine est adorable; elle est si belle, qu'elle m'a rendu muet et stupide. Comment, tu as des cousines de cette tournure dans un château, et tu poursuis le cerf dans un bois!

HIPPOLYTE, à lui-même.

Il a raison! ma cousine est une veuve superbe!

GABRIEL.

Et tu ne l'as jamais remarqué?

HIPPOLYTE.

Jamais... Que diable avais-je donc dans l'esprit? Au fait, c'est la plus belle cousine qu'un jeune cousin puisse avoir... Oh! la bonne idée! je vais en devenir amoureux!

GABRIEL.

Un instant! pardon, Hippolyte; la place est prise.

HIPPOLYTE.

Et par qui?

GABRIEL.

Par moi.

HIPPOLYTE.

Ah !

GABRIEL.

Cela t'étonne ?

HIPPOLYTE.

Beaucoup, davantage même.

GABRIEL.

En entrant ici, j'ai croisé l'œil avec elle, et je me suis dit : *Touché!* une minute a suffi, j'étais blessé au cœur. Cela t'apprendra, mon cher, à conduire tes amis chez tes cousines.

HIPPOLYTE.

Et tu deviens amoureux comme cela, toi ?

GABRIEL.

Et toi donc ?

HIPPOLYTE.

Moi, c'est différent ! je la connaissais.

GABRIEL.

Eh bien, moi, je la connais. Hippolyte, écoute un bon conseil : ne viens pas chasser sur mes terres.

HIPPOLYTE.

Mais c'est toi, parbleu ! qui chasses sur les miennes !

GABRIEL.

Je suis braconnier.

HIPPOLYTE.

En amour aussi ?

GABRIEL.

En tout.

HIPPOLYTE.

Eh bien, je pars pour Paris tout de suite.

GABRIEL.

Moi, je reste; pars.

HIPPOLYTE.

Chez moi! tu me donnes mon congé chez ma cousine!

GABRIEL, d'un ton menaçant.

Hippolyte! je n'ai jamais que cinq minutes de patience à dépenser avec un ennemi; prenez garde à vous, monsieur!

SCÈNE VII

Les Mêmes, CHARLOTTE, BARALIER, LÉON D'ORVIGNY.

CHARLOTTE, en dehors.

Mais attendez donc, monsieur Baralier.

BARALIER, s'avançant.

Je puis dire que j'entre ici en triomphateur : madame de Saint-Marc me fait appeler. (A Gabriel.) Annoncez-moi à madame de Saint-Marc.

GABRIEL, furieux.

Vous êtes un insolent, monsieur!

CHARLOTTE, venant du fond.

Ah! mon Dieu! d'où sortent ceux-ci? Courons avertir madame. (Elle entre à gauche.)

SCÈNE VIII

GABRIEL, HIPPOLYTE, BARALIER, LEON D'ORVIGNY.

BARALIER.

Pardon, monsieur, j'ai fait une erreur ; c'est excusable.

GABRIEL.

Je ne vous excuse pas, monsieur, allez chercher des valets chez vos pareils.

LÉON D'ORVIGNY, à Gabriel.

Monsieur, vous devez du respect à un vieillard.

BARALIER, à Léon.

Je ne suis pas un vieillard, monsieur; vous m'insultez en me défendant.

HIPPOLYTE.

Messieurs ! vous méconnaissez toutes les convenances ! respectez la maison de madame de Saint-Marc.

LÉON D'ORVIGNY.

C'est juste, ce que dit monsieur.

GABRIEL.

Il n'y a de juste que ce que je dis; vous êtes trois insolents !

TOUS.

Ah ! c'est trop fort !

GABRIEL.

Voici mon nom ; je demeure ici, je suis à votre disposition.

SCÈNE IX

LES MÊMES, CHARLOTTE.

CHARLOTTE, annonçant.

Messieurs, votre déjeuner est servi.

GABRIEL.

Ah ! allons déjeuner d'abord.

HIPPOLYTE.

Non, monsieur, je vais déjeuner chez le garde-chasse ; c'est un convive plus amusant que toi.

GABRIEL.

C'est bien, je vais déjeuner seul, je mangerai pour deux ; ordinairement, on déjeune après le duel.

HIPPOLYTE.

Moi, je déjeune avant et après.

GABRIEL.

Moi, je déjeune toujours. (Gabriel et Hippolyte sortent.)

SCÈNE X

BARALIER, CHARLOTTE, LÉON D'ORVIGNY.

BARALIER, à Charlotte.

Et que viens-je faire ici, moi ? Conseillez-moi maintenant.

CHARLOTTE, à part.

C'est juste. (Haut.) Comment vous ne devinez pas ce que vous venez faire ici

BARALIER.

Ma foi, non... Quel est cet homme-là?...

CHARLOTTE.

Je vous expliquerai cela plus tard; vous me demandez une pareille chose, vous qui connaissez si bien les femmes!

BARALIER, triomphant.

Ah!... oui... j'y suis.

CHARLOTTE.

Il est plus heureux que moi, je n'y suis pas.

BARALIER.

Je m'en doutais!... (Il serre la main de Charlotte.) Je reviendrai quand ce diable de spadassin sera parti... Oh! les veuves!... Je ne vous dirai que deux mots; mais ils sont significatifs... Au revoir...

CHARLOTTE.

Au revoir, monsieur Baralier. (Baralier sort exalté.)

LÉON D'ORVIGNY, descendant du fond.

Madame de Saint-Marc ne quittera donc pas son appartement?

CHARLOTTE.

Une migraine...

LÉON D'ORVIGNY.

Assez, je vous arrête sur la migraine; n'avez-vous pas de meilleure raison?

CHARLOTTE.

Pour excuser l'absence d'une femme, la meilleure raison est toujours celle qu'on ne donne pas.

LÉON D'ORVIGNY.

C'est bien.

CHARLOTTE.

Songez seulement, monsieur, que vous êtes obligé, par votre parole, à faire acte de présence ici tous les jours.

LÉON D'ORVIGNY.

Oui, tant que je vivrai.

CHARLOTTE.

Cela va sans dire, et vous êtes obligé de vivre aussi.

LÉON D'ORVIGNY.

Charlotte, je vais vous faire une confidence.

CHARLOTTE.

Gardez-vous-en bien, je vous trahirais.

LÉON D'ORVIGNY.

C'est justement ce que je veux.

CHARLOTTE.

Monsieur, vous n'êtes pas raisonnable; gardez votre confidence, je ne veux pas apprendre ce que je sais déjà.

LÉON D'ORVIGNY.

Dites à madame de Saint...

CHARLOTTE.

Monsieur, si vous dites un mot de plus, je vous rends les cinq mille francs de rente que vous m'avez donnés.

LÉON D'ORVIGNY.

Un seul mot. Serai-je plus heureux demain?

CHARLOTTE.

A condition que vous serez plus sage, aujourd'hui.

LÉON D'ORVIGNY.

A demain donc. (Il sort.)

SCÈNE XI

CHARLOTTE, seule.

Mon Dieu ! l'émeute est dans notre couvent ! Ceci me rappelle une fable... Deux femmes vivaient en paix... Un... homme survint, et voilà la guerre allumée ! Amour !... Nous verrons le reste. En attendant, l'ennui a déménagé ; il a fini son bail avec le château.

(Le rideau baisse.)

TROISIÈME PARTIE

Même décor.

SCÈNE PREMIÈRE

(L'orchestre joue comme introduction l'air de *Freyschütz*.)

HIPPOLYTE, seul.

(Il fredonne *Chasseur diligent*.)

Mon nouvel ennemi Gabriel Lorot, qui était mon vieil ami hier, m'a laissé en partant ce billet, qui n'est pas doux. (Il lit.)

« Monsieur,

« Trouvez-vous demain, au lever du soleil, au bord de l'étang, avec du courage, vos armes, un témoin et un pâté froid.
« Votre ennemi,
« GABRIEL LOROT. »

C'est bon !... tout est prêt, excepté mon témoin : où diable dénicher un témoin ici?... Voyons si le soleil est levé. (Il se met à la fenêtre à demi vêtu.) Le soleil n'est pas levé... mais, en revanche, voilà trois vieilles femmes qui doivent avoir toujours été vertueuses, car elles aiment à voir lever l'aurore... Que font-elles?... Bonjour, mesdames... bonjour !... Elles me regardent de travers comme les sorcières de Macbeth...

Elles ont disparu... tant mieux! elles gâtaient le paysage...
Ah! voilà M. Baralier; hier, je ne l'ai vu qu'un instant...
C'est égal, on peut en faire un témoin.

SCÈNE II

HIPPOLYTE, BARALIER, déconcerté.

HIPPOLYTE.

Eh! bonjour! serrons-nous la main. J'avais fait un ami jeudi dernier, je l'ai perdu; je vais me battre avec lui ce matin; mon amitié est en disponibilité, je vous la donne, vous l'acceptez, et vous allez me servir de témoin.

BARALIER.

Mon cher monsieur, il m'est impossible de vous servir de témoin dans ce duel.

HIPPOLYTE.

Ah! mon Dieu!... et pourquoi donc?

BARALIER.

Je suis agronome.

HIPPOLYTE.

Ah!

BARALIER.

Et vice-président de la caisse d'épargne.

HIPPOLYTE.

Ne pouvez-vous pas donner pour vingt-quatre heures votre démission d'agronome et de président de la caisse d'épargne?

BARALIER.

Impossible! Au reste, la question n'est pas là!

HIPPOLYTE.

Où est-elle donc, la question? Je vous la ferai pour obtenir une réponse.

BARALIER.

Ce n'est pas mon secret, c'est le secret d'un autre.

HIPPOLYTE.

Raison de plus pour le divulguer.

BARALIER.

Il y a une femme en cause.

HIPPOLYTE.

Voyons! contez-moi cela... Monsieur votre fils a quelque intrigue amoureuse?

BARALIER.

Je n'ai point de fils.

HIPPOLYTE.

Quelque coquin de neveu, façon Molière?

BARALIER.

Je n'ai point de neveu.

HIPPOLYTE.

Vous composez tout seul votre famille?

BARALIER.

Oui.

HIPPOLYTE.

C'est beaucoup, pour un seul homme.

BARALIER.

Monsieur Hippolyte, quel âge avez-vous?

HIPPOLYTE.

Vingt ans, comme tout le monde.

BARALIER.

Vous êtes jeune, c'est un charmant défaut, mais c'est un défaut.

HIPPOLYTE.

C'est probablement le seul dont vous vous êtes corrigé.

BARALIER.

Nous verrons plus tard.

HIPPOLYTE.

C'est déjà vu.

BARALIER.

Eh bien, monsieur, si vous aviez l'expérience d'un homme grave, vous comprendriez qu'une affaire de mariage passe avant une affaire de duel.

HIPPOLYTE.

Ah! vous allez marier quelqu'un de vos amis?

BARALIER.

Mon ami le plus intime, celui dont je ne me sépare pas.

HIPPOLYTE.

Même en ce moment?

BARALIER.

Même en ce moment.

HIPPOLYTE, regardant autour de lui.

Alors, c'est moi.

BARALIER.

Non.

HIPPOLYTE.

C'est alors vous?

BARALIER.

Pourquoi pas?

HIPPOLYTE.

C'est juste! Au fait, qui peut vous empêcher de vous marier? Il n'y a que la femme que vous avez choisie qui puisse s'opposer à votre choix.

BARALIER.

Monsieur Hippolyte Jonsac, je suis vraiment étonné de voir que vous ignorez tout.

HIPPOLYTE.

Instruisez-moi, je n'ignorerai rien et vous ne vous étonnerez plus.

BARALIER.

On ne vous a rien dit?

HIPPOLYTE.

Rien.

BARALIER.

Alors, je me tais.

HIPPOLYTE.

Ah! vous parlerez, monsieur! vous ne vous tairez pas!

BARALIER.

Vous m'y forcez?

HIPPOLYTE.

Les armes à la main.

BARALIER.

Eh bien, j'attends ici madame de Saint-Marc.

HIPPOLYTE.

Pour l'épouser?

BARALIER.

A peu près.

HIPPOLYTE.

A cinq heures du matin?

BARALIER.

C'est un rendez-vous assigné pour hier.

HIPPOLYTE.

Il me semble que vous y arrivez un peu tard, quoique de très-bonne heure.

BARALIER.

Avez-vous oublié ce qui s'est passé hier dans le château?

HIPPOLYTE.

Faites comme si je l'avais oublié.

BARALIER.

La femme de chambre de madame de Saint-Marc est venue en toute hâte m'arracher à mon domicile pour m'amener ici... Est-ce clair, cela?

HIPPOLYTE.

Pas encore assez clair. Éclaircissez toujours, je comprendrai mieux.

BARALIER.

Elle m'a dit : « Madame de Saint-Marc vous demande un entretien sérieux. » Je l'ai regardée en face comme cela, d'un œil scrutateur. Elle a souri, et a ajouté : « Je crois que c'est pour causer agronomie et agriculture... » Je n'ai plus vingt ans, moi, heureusement, heureusement... Je connais les femmes... Je me suis rappelé tout à coup vingt conversations que j'ai eues avec ma belle voisine sur les désagréments du veuvage et du célibat; j'ai fait une toilette de ville, pour paraître avec tous les petits avantages qu'on peut avoir; et, en arrivant ici, je trouve le château en combustion, et il m'est impossible de voir, même un instant, madame de Saint-Marc; un autre que moi, un enfant, aurait été embarrassé; je me suis retiré sans faire la moindre insistance, sans me targuer d'une avance reçue, toutes choses dont les femmes vous savent gré, tôt ou tard; et maintenant, je crois aller au-devant des intentions de madame de Saint-Marc en fixant moi-même, à ce matin, l'heure de l'*entretien sérieux*, qui a été hier jugé impossible par des circonstances indépendantes de ma volonté.

HIPPOLYTE.

Monsieur Baralier, vous plaisantez fort agréablement, et je vous écouterais volontiers jusqu'à ce soir, mais un devoir d'honneur m'oblige à sortir. En vous écoutant, j'ai laissé lever le soleil, et je n'ai pas encore de témoin.

BARALIER, s'asseyant.

Je vous souhaite bonne chance.

SCÈNE III

LES MÊMES, GABRIEL LOROT. (Il est suivi d'un dragon.)

GABRIEL, du fond.

Eh bien, monsieur! on est donc obligé de venir vous chercher ici? Vous me faites faire le pied de grue au bord de l'étang! Me prenez-vous pour un héron?

HIPPOLYTE.

Commencez, monsieur, par respecter le sommeil des femmes, et ne parlez pas si haut.

GABRIEL.

Je ne reçois point de leçons, j'en donne; êtes-vous prêt à en recevoir?

HIPPOLYTE.

Je cherche un témoin...

GABRIEL.

Et ce petit monsieur, que fait-il là?

BARALIER, épouvanté.

J'attends...

GABRIEL.

On n'attend pas, monsieur! Venez tous deux.

BARALIER.

Permettez, monsieur...

GABRIEL.

Je vous permets de sortir, voilà tout.

HIPPOLYTE, à Baralier.

Venez donc, et que cela finisse...

BARALIER.

Laissez-moi donc dire deux mots à madame de Saint-Marc.

HIPPOLYTE.

Madame de Saint-Marc se lève à midi.

GABRIEL, désignant le cavalier.

Savez-vous que mon témoin s'ennuie d'attendre!

SCÈNE IV

Les Mêmes, CHARLOTTE.

CHARLOTTE. (Elle entre en achevant sa toilette.)

Êtes-vous fous, messieurs, pour troubler ainsi le sommeil des gens?

BARALIER.

Madame, je vais vous expliquer...

GABRIEL, à Baralier.

Taisez-vous; n'effrayons pas les femmes; je vais lui donner le change. (A Charlotte.) Le rendez-vous de chasse est ici. (Avec volubilité.) Le bois est fait, le valet de limier a connaissance d'un ragot, on a déjà lancé deux ou trois couples d'attaque; le ragot ne veut pas *débauger*, et Briffaut, Margano, Barbaro, sont déjà décousus! A cheval, nous forcerons la bête dans sa bauge, si elle ne veut pas débucher.

CHARLOTTE.

Voilà une langue que je n'apprendrai jamais.

GABRIEL, chantant.

En avant, chasseur, en avant...

CHARLOTTE.

Voulez-vous bien vous taire!

BARALIER, après avoir écrit un billet à la hâte, pendant que Hippolyte cherche l'entraîner.

Madame, je n'ai que le temps de laisser cette lettre entre vos mains; je n'ai pas mis l'adresse, elle est d'ailleurs inutile. (Ils sortent.)

SCÈNE V

CHARLOTTE, seule.

Trois hommes chez nous, à cinq heures du matin!... Hier, nous périssions d'ennui ; aujourd'hui, nous périrons d'amusement... Que me veut celui-ci avec sa lettre ? (Elle ouvre la lettre.)

« Madame,

« Je vous ai comprise : vous êtes veuve, et je suis garçon ; voulez-vous fondre votre veuvage dans mon célibat, et faire deux heureux ? Je suis prêt ; nous avons, vous et moi, une assez jolie fortune en portefeuille, mettons tout cela en commun au pied des autels.

« Votre voisin, en attendant mieux.

« BARALIER. »

Voilà une déclaration de mariage qui tombe comme la foudre à mes pieds ! ma foi, ce n'est pas à dédaigner peut-être ; j'y réfléchirai...

SCÈNE VI

CHARLOTTE, MADAME DE SAINT-MARC.

CHARLOTTE.

Déjà levée, madame ! votre pendule avance donc de six heures ?

MADAME DE SAINT-MARC.

C'est mon sommeil qui retarde d'une nuit, Charlotte : je n'ai pas fermé l'œil.

CHARLOTTE.

Il y a de quoi! l'incendie est au château.

MADAME DE SAINT-MARC.

Et comment l'éteindre?

CHARLOTTE.

En laissant brûler.

MADAME DE SAINT-MARC.

Cet étourdi, cet enfant, ce cousin Hippolyte n'a-t-il pas osé hier me faire une déclaration!

CHARLOTTE.

C'est votre faute, madame; laissez les petits cousins où ils sont.

MADAME DE SAINT-MARC.

Et cet imbécile de M. Baralier qui a disparu sans me dire un mot!

CHARLOTTE.

Celui-là, madame, je m'en charge pour moraliser la situation.

MADAME DE SAINT-MARC.

Qu'en feras-tu?

CHARLOTTE.

Ce qu'on fait d'un homme vieux et riche : je l'épouse.

MADAME DE SAINT-MARC.

Tu épouses M. Baralier?

CHARLOTTE.

Voulez-vous l'épouser à ma place? Je vous le vends.

MADAME DE SAINT-MARC.

Tu es folle!

CHARLOTTE.

Voulez-vous parier cent mille francs que je l'épouse demain?

MADAME DE SAINT-MARC, riant.

Cent mille francs, contre quoi?

CHARLOTTE.

Contre cent mille francs, toutes mes économies de veuve.

MADAME DE SAINT-MARC.

J'accepte le pari.

CHARLOTTE.

Où est votre enjeu?

MADAME DE SAINT-MARC.

Et où est le tien?

CHARLOTTE, ouvrant son portefeuille.

Le voilà! comptez vingt billets en lettres rouges.

MADAME DE SAINT-MARC.

Ah! mon Dieu! et qui t'a donné cela?

CHARLOTTE.

Un cousin arrivé de Californie; je vous expliquerai cela beaucoup mieux plus tard. Maintenons-nous le pari?

MADAME DE SAINT-MARC.

Au fait, que puis-je risquer?

CHARLOTTE.

Ah! mon Dieu! rien; si vous perdez, je prends vos cent mille francs, et, si je perds, vous ne prenez pas les miens.

MADAME DE SAINT-MARC.

A ces conditions, je parie.

CHARLOTTE.

Je crois bien! c'est moi qui joue en dupe.

MADAME DE SAINT-MARC.

Comment cela ?

CHARLOTTE.

Parce que j'épouse M. Baralier. *Je perds mon veuvage,* je moralise la situation, je fais de mon mari votre intendant, nous avons un homme grave chez nous.

MADAME DE SAINT-MARC.

Il est vrai que tout est profit pour moi, dans ton mariage.

CHARLOTTE.

Vous jouez à qui perd gagne.

MADAME DE SAINT-MARC.

Et je gagne ma tranquillité.

CHARLOTTE.

Estimée cent mille francs; c'est pour rien.

MADAME DE SAINT-MARC.

Voilà un beau dévouement, Charlotte !

CHARLOTTE.

Madame, vous méritez qu'une femme de chambre se résigne à tout, même au mariage, pour votre bonheur; voyez d'ici à quoi j'expose mon avenir, madame; je vais avoir sous les yeux une jeune veuve, libre et souveraine maîtresse d'elle-même, tandis que, moi, pauvre esclave, j'aurai sur les bras un maître barbare, un roi absolu, un Néron en paletot, un homme enfin, c'est tout dire ! un homme ! l'ennemi naturel de la femme, l'être orgueilleux qui a inventé la haine le jour que nous avons inventé l'amour ! Avouez, madame, qu'il est impossible d'être plus dévouée que moi.

MADAME DE SAINT-MARC.

Eh bien, je te l'avoue deux fois, il y a de la vertu encore dans le monde...

CHARLOTTE.

Dans ce château; n'allez pas plus loin, madame, vous feriez trop d'erreurs de géographie.

MADAME DE SAINT-MARC.

Et nous sommes pourtant si calomniées dans ce château !

CHARLOTTE.

Il faut vous dire, madame, que mon mariage sera un coup de mort pour les demoiselles Desbuissons.

MADAME DE SAINT-MARC.

Dieu le fasse !

CHARLOTTE.

Elles n'en réchapperont pas ! L'aînée de ces demoiselles a fait la cour quarante ans à M. Baralier; elle lui a déclamé des tirades de *Phèdre* jusqu'à extinction de voix, à travers tous les arbres de son parc.

MADAME DE SAINT-MARC.

Enfin, grâce à toi, Charlotte, voilà le calme revenu ! (On entend deux coups de pistolet. Stupéfaction des deux femmes.) Ce n'est pas dans le bois ! on a tiré du côté de l'étang.

CHARLOTTE.

Ne vous effrayez pas, madame; vous savez bien que ceux qui vous intéressent ne se tuent pas de ce côté avec des armes à feu.

MADAME DE SAINT-MARC.

Personne ne m'intéresse, Charlotte.

15.

CHARLOTTE.

Pardon, madame; je n'ai pas encore pris l'habitude de me tromper, permettez-moi de ne pas commencer

MADAME DE SAINT-MARC.

Tu crois que je pense à ce jeune monomane, M. Léon d'O... d'Ove... d'Ob...?

CHARLOTTE.

On n'oublie, madame, que les noms dont on se souvient trop.

MADAME DE SAINT-MARC.

Un jeune homme que je n'ai vu qu'une fois!

CHARLOTTE.

Vous l'aviez vu cent fois avant de le connaître; c'est le héros de tous les romans que vous lisez.

MADAME DE SAINT-MARC.

Je n'en lis plus.

CHARLOTTE.

Depuis que vous en faites; depuis hier.

MADAME DE SAINT-MARC.

Il faut pourtant savoir ce qui s'est passé là-bas... Voilà deux coups de feu qui m'inquiètent.

CHARLOTTE.

Voici une visite! j'entends une robe qui balaye les marches du perron.

MADAME DE SAINT-MARC.

On vient sans doute nous apprendre quelque fâcheux événement. (Elle marche vers la porte du fond, et recule en voyant mademoiselle Desbuissons.)

SCÈNE VII

Les Mêmes, MADEMOISELLE DESBUISSONS, LEMIGNARD.

MADEMOISELLE DESBUISSONS, soutenue par le bras de M. Lemignard. Elle salue et s'assoit lourdement.

Excusez-moi, ma chère voisine... excusez-moi si j'entre sans me faire annoncer... Je me suis évanouie dans votre parc.

LEMIGNARD.

Évanouie dans mes bras.

CHARLOTTE.

Quel scandale !

MADEMOISELLE DESBUISSONS.

Vous avez dit quel scandale ?

LEMIGNARD.

Elle a dit quel sc...

MADAME DE SAINT-MARC.

Ne faites pas attention, mademoiselle ; reprenez vos esprits.

MADEMOISELLE DESBUISSONS.

Je n'aurais jamais eu la force de gagner ma maison... mes jambes tremblaient... et, si M. Lemignard ne m'eût soutenue, je faisais une chute sur le gazon.

CHARLOTTE.

Souvenir de jeunesse !

MADEMOISELLE DESBUISSONS, à Charlotte.

Qu'avez-vous dit, madame ?

CHARLOTTE.

Je ne veux pas que vous l'entendiez deux fois.

LEMIGNARD.

Qu'a-t-elle dit?

MADAME DE SAINT-MARC.

Charlotte, attendez d'être seule pour faire vos observations à qui vous voudrez.

LEMIGNARD.

C'est très-bien!

MADEMOISELLE DESBUISSONS, se levant.

Selon notre usage de tous les matins, nous lisions, M. Lemignard et moi, le journal *l'Éclaireur de Seine-et-Oise*, et nous nous indignions d'un article infâme évidemment dirigé contre une *de nos voisines*, lorsque nous avons entendu deux coups de pistolet du côté de ce maudit étang. « C'est un duel! m'a dit M. Lemignard. — Un duel! » me suis-je écriée; et la voix m'a manqué pour en dire davantage. A peine avons-nous eu la force de nous traîner jusqu'à votre château.

MADAME DE SAINT-MARC.

Quelqu'un a-t-il été blessé dans cette affaire?

LEMIGNARD.

Pendant que je prodiguais mes soins à mademoiselle Desbuissons, j'ai vu les deux combattants et les deux témoins entrer dans la maison du garde-chasse. Personne n'était blessé; au contraire... on allait déjeuner.

MADEMOISELLE DESBUISSONS.

Ce qu'il y a de fâcheux, c'est que ce duel se rattache évidemment à l'article de l'*Éclaireur de Seine-et-Oise*.

CHARLOTTE.

Mais quel est donc cet article infâme dont vous nous faites tant de bruit?

MADEMOISELLE DESBUISSONS, à Charlotte.

J'attends que madame de Saint-Marc m'interroge.

CHARLOTTE.

Eh bien, madame de Saint-Marc vous interroge par son silence depuis que vous avez parlé de votre journal.

MADAME DE SAINT-MARC.

C'est vrai.

MADEMOISELLE DESBUISSONS.

J'ai voulu le déchirer dans un accès d'indignation; mais M. Lemignard m'en a empêché... Au reste, il faut dédaigner les calomnies, et...

MADAME DE SAINT-MARC, vivement.

Mais, mademoiselle, veuillez bien vous expliquer tout de suite; mon impatience est à bout.

MADEMOISELLE DESBUISSONS.

Monsieur Lemignard, veuillez bien nous lire cet article qui nous a tant indignés.

CHARLOTTE.

La belle âme!

LEMIGNARD, tirant un journal de sa poche.

Il faut avouer qu'il y a des gens bien...

MADAME DE SAINT-MARC.

Voyons vite, au nom du ciel!

LEMIGNARD, lisant.

« Feuilleton...» C'est un feuilleton... « Chronique départementale... » Lola Montès... Ce n'est pas cela... « Au dernier bal du Château-Rouge... » Ah! j'y suis, voici... «Une jeune veuve, madame de Saint... trois étoiles... »

MADEMOISELLE DESBUISSONS.

Mais c'est transparent comme une gaze...

MADAME DE SAINT-MARC.

Lisez donc!

LEMIGNARD, lisant.

« Madame de Saint... trois étoiles tient cour d'amour, dans un château voisin, à l'exemple de la reine Blanche, qui tenait la sienne au manoir de Montargis. Jusqu'à ce moment, rien n'avait troublé le roman que la châtelaine met en action avec de jeunes collaborateurs; mais, hier, un beau chevalier, en désespoir de jalousie, s'est précipité dans l'étang et s'y est noyé... tout juste assez pour pouvoir rentrer en maître au château. Madame de Saint-M... »

MADAME DE SAINT-MARC, arrachant le journal et le déchirant.

Assez, monsieur!

LÉMIGNARD.

Ah! mon Dieu! vous dépareillez ma collection!

MADAME DE SAINT-MARC.

Une collection de calomnies!

MADEMOISELLE DESBUISSONS.

Évidemment, ce sont des calomnies... c'est ce que je dis tous les jours... c'est ce que je disais encore ce matin à des voisines qui affirmaient avoir vu un jeune homme achevant sa toilette au balcon de cette fenêtre.

MADAME DE SAINT-MARC

Jamais un homme n'entre ici, mademoiselle! jamais. (On entend un trio d'éclats de rire.)

SCÈNE VIII

Les Mêmes, LEON D'ORVIGNY, HIPPOLYTE, BARALIER,
au fond. (Ils sortent de table et sont fort gais. Ivresse modérée.)

MADAME DE SAINT-MARC.

Charlotte! je suis déshonorée! Tiens tête à ces gens-là : viens à mon secours.

SCÈNE IX

Les Mêmes, hors MADAME DE SAINT-MARC.

HIPPOLYTE, à mademoiselle Desbuissons.

Justement, madame est ici fort à propos pour nous donner des renseignements sur la cour de Louis XV.. Madame, quel était le costume du grand veneur en 1755, vous qui l'avez vu?

MADEMOISELLE DESBUISSONS.

Il était habillé comme les insolents de 1850 : regardez-vous!

HIPPOLYTE.

Ah! bien riposté! on voit que madame a servi dans l'escadron volant de l'hôtel Rambouillet.

MADEMOISELLE DESBUISSONS.

Mais quelle horrible société hante ce château, madame Charlotte!

LEMIGNARD.

Au nom du ciel! n'irritez pas ces hommes!

MADEMOISELLE DESBUISSONS.

Vous êtes un pusillanime... Venez et marchez le front haut devant ces spadassins. Voyez si j'en ai peur, moi !

HIPPOLYTE, la reconduisant.

Mademoiselle, vous êtes sous notre protection, ne craignez rien : nous avons le respect du passé, nous sommes archéologues.

SCÈNE X

Les Mêmes, hors LEMIGNARD et MADEMOISELLE DESBUISSONS.

GABRIEL.

Maintenant, posons les bases de notre traité de paix. Voyons, monsieur Baralier, attaquez la question.

BARALIER, en gaieté.

Tout de suite. (Prenant Charlotte par la main.) Ne nous quittez pas ainsi, nous avons une explication...

CHARLOTTE.

Avec moi?

BARALIER.

Vous le savez bien.

CHARLOTTE.

Devant témoins?

BARALIER.

Il le faut... Ces deux messieurs viennent de se battre ; ils allaient recommencer ; j'ai connu le sujet de leur querelle, et je leur ai fait tomber les armes des mains en leur disant que j'avais des projets de mariage sur le tapis, et qu'il ne fallait pas ensanglanter mes noces... Voyons, madame, quel effet mon billet a-t-il produit?

CHARLOTTE.

Est-ce qu'on ne réussit pas toujours quand on parle mariage? Les deux portefeuilles seront mis en commun.

BARALIER.

Je suis accepté?

CHARLOTTE.

Avec acclamation!... mais, point de feinte, vous jurez d'épouser?

BARALIER.

Je le jure entre vos mains!

HIPPOLYTE.

Nous sommes témoins du serment.

CHARLOTTE.

Je vais annoncer cette nouvelle à madame de Saint-Marc. (Elle rentre.)

SCÈNE XI

Les Mêmes, hors CHARLOTTE.

GABRIEL.

Tout ce que je demande, c'est de voir marier les autres avant moi, et de rester garçon. Voilà déjà le cinquième mariage que je fais dans les bois de haute futaie de ce département. Ma tactique est superbe : je me bats avec un rival, je me garde bien de le tuer ; il se trouve heureux de vivre, je l'oblige à se marier ou à recommencer le duel; il se marie, nous sommes en fête, je deviens locataire du château, j'en fais une auberge, un gîte, un rendez-vous de chasseurs. J'ai déjà cinq auberges et cinq amis mariés, depuis le bois de Satory jusqu'au bois de Saint-Germain ; monsieur Baralier, vous serez le sixième, et je ne m'arrêterai pas là ; il me faut trente amis, trente gîtes de braconnier. J'ai créé un genre : je suis seul, indépendant, au milieu de l'esclavage de vos libertés ; je ne connais ni la loi, ni la police, ni la garde nationale ; il me faut la table des autres, la maison des autres, la femme des autres. Vous êtes tous des barbares, je suis seul civilisé.

BARALIER.

Charmant! charmant!

HIPPOLYTE.

Il faut vous dire qu'hier au soir, j'ai demandé madame de Saint-Marc, ma cousine, en mariage.

BARALIER.

A qui donc?

HIPPOLYTE.

A elle-même, parbleu!... Elle m'a traité de fou, d'enfant ; elle m'a envoyé chasser. J'ai compris tout de suite qu'il y avait un mariage d'affaires là-dessous, et j'ai tremblé de me voir exilé à perpétuité de ce château par quelque mari inconnu, brutal, jaloux et furieux contre les cousins ; tandis qu'avec ce bon Baralier, nous serons ici comme auparavant, joyeux chasseurs, bons amis, gais convives, avenir superbe! vie d'épicuriens! table ouverte! Paris à la campagne! âge d'or! et chemin de fer!...

BARALIER.

Bravo! mon cher cousin! vous le voyez! je suis aussi jeune que vous.

GABRIEL.

Plus jeune.

HIPPOLYTE.

Vous pourriez être votre fils.

GABRIEL.

Maintenant, mon cher Baralier, ne perds pas une minute : cours chez ton notaire, fais tes invitations, règle tes affaires de garçon et marie-toi demain, si tu peux; les veuves sont capricieuses : qui perd du temps perd une veuve, dit un proverbe normand.

LE PORTIER, annonçant.

M. Léon d'Orvigny.

HIPPOLYTE.

Ah! voici une visite qui arrive mal à propos.

GABRIEL.

C'est ce jeune homme si sombre...?

HIPPOLYTE.

Oui, avec une tournure de tragédie.

GABRIEL.

Peut-être le mari de Melpomène; je vais le mettre à a porte de chez nous en le priant d'oublier l'allée du perron.

BARALIER.

Je vous en prie, messieurs, n'effrayons plus ma belle prétendue. Soyons raisonnables comme des hommes de trente ans; retirons-nous en silence, c'est le meilleur moyen de le congédier.

HIPPOLYTE.

Sortons, comme dans les vaudevilles, en fredonnant un air ténébreux en sourdine.

TOUS, avec un grand fracas de voix.

(Air *ad libitum*.)

Sortons,
Partons
En silence.
On s'avance,
On nous suit,
On s'avance.
Sortons,
Partons
En silence,
Sans bruit.

SCÈNE XII

LÉON D'ORVIGNY.

Voilà une manière assez étrange de quitter un appartement ; on ne voit cela qu'au théâtre.

(Baralier, Hippolyte, Gabriel reprennent le motif du chant et sortent par le fond. Le rideau baisse.)

QUATRIÈME PARTIE

Même décor.

SCÈNE PREMIÈRE

LÉON D'ORVIGNY, MADAME DE SAINT-MARC.

LÉON D'ORVIGNY.

Madame, vous voyez que je tiens parole.

MADAME DE SAINT-MARC.

Je n'en ai jamais douté.

LÉON D'ORVIGNY.

Madame, excusez la trivialité de ma comparaison : il me semble que j'appartiens à cette classe de criminels graciés, qui sont obligés de faire chaque jour acte de présence chez un magistrat, pour lui prouver qu'ils n'ont pas rompu leur ban.

MADAME DE SAINT-MARC.

Votre comparaison n'est pas juste, monsieur; vous m'avez promis de vivre, et votre parole vous dispense de toute obligation. Je serai toujours charmée de recevoir vos visites une fois la semaine. Nous établirons ainsi entre nous des rapports de bon voisinage. Ce sera suffisant.

LÉON D'ORVIGNY.

Madame, c'est vous qui avez fait la loi, et vous la violez le lendemain de sa promulgation !

MADAME DE SAINT-MARC.

Les lois ne sont faites que pour être violées; demandez à tous les législateurs, qui les violent eux-mêmes depuis cinquante ans.

LÉON D'ORVIGNY.

Madame, votre compassion d'hier se change en ironie aujourd'hui. Eh bien, je vous ramènerai à la compassion.

(Il fait un mouvement pour sortir.)

MADAME DE SAINT-MARC.

Écoutez-moi, monsieur...

LÉON D'ORVIGNY.

Je vous écoute une dernière fois.

MADAME DE SAINT-MARC.

Connaissez-vous le monde ?

LÉON D'ORVIGNY.

Je ne connais pas ce que je méprise.

MADAME DE SAINT-MARC.

Mais une femme ne méprise rien...

LÉON D'ORVIGNY.

Mon Dieu, madame, je sais ce que vous allez dire. Vous avez à votre droite la calomnie, à votre gauche la médisance, deux tristes voisines, j'en conviens ; mais, comme le monde ne se gêne pas pour vous, je ne sais pas pourquoi, madame, vous vous gênez pour lui !

MADAME DE SAINT-MARC.

Ce matin, monsieur, ce matin, un article infâme a essayé

de flétrir mon honneur dans une gazette ! En ce moment, mon nom sert de pâture à la voracité de la calomnie, et soulage les ennuis aristocratiques dans tous les châteaux voisins ! Et vous voulez, monsieur, qu'une femme ait l'impossible courage de se mettre au-dessus de ces choses ? Non, monsieur, non ! le monde est notre juge, un juge inique souvent, un juge qui met le plomb de la calomnie dans un plateau de sa balance, et la fleur de notre réputation dans l'autre plateau, et qui nous condamne après tout cela, c'est incontestable ; mais il faut subir l'arrêt comme s'il était juste ; car les femmes, ainsi condamnées, n'ont ni cour d'appel, ni cour de cassation.

LÉON D'ORVIGNY.

Ah ! le monde est ainsi ; je suis charmé de ne pas faire sa connaissance. Vous m'excuserez donc, madame, si je transgresse les lois et les usages de ce monde qui m'est étranger, en vous proposant, avec ma brusque franchise, une chose qui rendrait muette la calomnie et la médisance.

MADAME DE SAINT-MARC.

Proposez, monsieur, et voyons cette recette merveilleuse qui peut réduire au silence les bouches qui parleront toujours.

LÉON D'ORVIGNY.

Eh bien, madame, cette recette est toute naturelle ; un médecin moral peut l'écrire en deux mots.

MADAME DE SAINT-MARC.

Écrivez les deux mots.

LÉON D'ORVIGNY.

Mariez-vous !

MADAME DE SAINT-MARC.

J'attendais ces deux mots.

LÉON D'ORVIGNY.

Qu'en pensez-vous ?

MADAME DE SAINT-MARC.

Ils sont la préface d'une longue vie.

LÉON D'ORVIGNY.

Vous redoutez bien les préfaces !

MADAME DE SAINT-MARC.

C'est le livre que je crains.

LÉON D'ORVIGNY.

On se cotise deux pour le lire.

MADAME DE SAINT-MARC.

Il y a toujours un lecteur de trop.

LÉON D'ORVIGNY.

Quand on a mal choisi.

MADAME DE SAINT-MARC.

Je ne suis pas heureuse aux jeux de hasard.

LÉON D'ORVIGNY.

Madame, j'ai beaucoup réfléchi depuis ma folle équipée de l'autre jour. En commençant une seconde vie, j'ai voulu sonder le secret de ma première ; et j'ai découvert que notre meurtrier, en ce monde, se nommait l'isolement. Cela m'a conduit à examiner le mariage comme hygiène morale. La nature met toujours le remède à côté de la maladie : elle met le mariage à côté du célibat. Je sais bien que l'hymen a toujours été en butte aux railleries, depuis que les anciens qui habillaient ce dieu d'une tunique jaune, jusqu'aux modernes qui le diffament dans les comédies et les chansons ; mais il faut bien que le mariage soit une excellente chose, puisqu'il a résisté, depuis Adam, à tous ses ennemis. Le mariage n'est attaqué que par des fils ingrats, des célibataires incurables et des maris suspects. Le mariage, c'est la joie de la famille, la sérénité du lambris domestique, la même vie dans plusieurs âmes et la volupté sans remords. Voilà pourquoi j'ai adopté ce remède pour me guérir de mon isolement. Si le remède manque, le malade meurt. Vous êtes ma vie, et je vivrai par vous, si votre grâce me tend la main.

MADAME DE SAINT-MARC.

Ah! vous voulez parler sérieusement, soit; j'aime mieux la gravité que le badinage. Regardez la couleur de ce ruban. (Elle montre un ruban noué à son corsage.)

LÉON D'ORVIGNY.

C'est le seul et dernier indice de votre deuil de veuve.

MADAME DE SAINT-MARC.

Mon deuil est légalement expiré, mais je le continue avec ce ruban. Aux yeux du monde et de la loi, je suis libre; à mes yeux, je ne le serai jamais.

LÉON D'ORVIGNY.

Jamais!... c'est le mot de l'enfer; il faut donc, madame, laisser l'espérance à la porte en entrant ici?

MADAME DE SAINT-MARC.

J'exige aussi, monsieur, selon votre parole, que vous y laissiez le désespoir en sortant. (Elle salue et va rentrer.)

LÉON D'ORVIGNY.

Encore un mot, un seul, madame, au nom du ciel, cette fois.

MADAME DE SAINT-MARC.

Un dernier mot mène toujours trop loin; et, pour la

calomnie qui ne me perd pas de vue, nous avons déjà trop prolongé cet entretien. (Elle rentre.)

SCÈNE II

LÉON D'ORVIGNY, seul. (Il se laisse tomber sur un fauteuil.)

C'est fini !... J'avais trouvé au bord de l'abîme un rameau sauveur ; je le saisissais avec toutes les forces de mon âme... Ce point d'appui m'échappe, il faut tomber !

(Il va s'asseoir sur le canapé à gauche.)

SCÈNE III

LÉON D'ORVIGNY, BARALIER. (Il entre un bouquet à la main, et sans remarquer Léon.)

BARALIER.

Je ne me souviens plus de ce quatrain de M. Vigée, de 'Almanach des Muses de 1817 :

Madame... acceptez donc ces fleurs...

C'est bien le premier vers... il y en a encore trois, puisqu'il y en a quatre...

Acceptez donc ces fleurs...
Ce sont, charmante souveraine,
Des sujets de toutes couleurs
Qui viennent saluer leur reine.

Le voilà, je le signe, et il m'appartient. Écrivons. (Il s'approche du canapé et voit Léon.) Encore ce monsieur... Pardon, monsieur, je vous dérange ?

LÉON D'ORVIGNY.

Oui.

BARALIER.

Ah!

LÉON D'ORVIGNY.

Que venez-vous faire ici?

BARALIER, à part.

C'est un amoureux congédié; amusons-nous... Vous me demandez ce que je viens faire ici?... Je viens vous inviter à mon mariage.

LÉON D'ORVIGNY.

Moi?

BARALIER.

Je ne vois que vous ici... N'êtes-vous pas un voisin, un ami de la maison?

LÉON D'ORVIGNY.

Eh bien, après?

BARALIER.

Après, vous signerez au contrat le matin, et vous danserez le soir...

LÉON D'ORVIGNY.

Je ne danse jamais, monsieur.

BARALIER.

Oh! j'espère bien que vous danserez au mariage de madame de Saint-Marc!

LÉON D'ORVIGNY, se levant.

Madame de Saint-Marc se marie?..

BARALIER.

Ah! vous l'ignoriez?... C'est fort, on ne parle que de cela dans les environs.

LÉON D'ORVIGNY.

Et qui en parle?

BARALIER.

Tout le monde, excepté vous, probablement; nous venons d'écrire, avec nos voisins, et de jeter à la poste trente lettres à ma famille et à mes amis. Je donne un bal demain... Tenez, voilà le modèle de ma circulaire nuptiale : *Je vous invite à mon mariage et à mon bal.* Signé : *Baralier*... Je n'ai pas mis d'autre nom, pour ménager une surprise aux invités.

LÉON D'ORVIGNY.

Et quel est l'autre nom?

BARALIER.

Je m'escrime, depuis une heure, à vous le dire, un sourd l'aurait entendu!

LÉON D'ORVIGNY.

Quel est l'autre nom?

BARALIER.

Madame de Saint-Marc, pour la centième fois, monsieur.

LÉON D'ORVIGNY.

C'est vous qui l'épousez?

BARALIER.

Ah! ceci est trop fort! je l'épouse demain; on va vite avec les veuves.

LÉON D'ORVIGNY.

Impossible! c'est une raillerie que je ne souffrirai pas!

(Entrent Hippolyte et Gabriel.)

SCÈNE IV

Les Mêmes, HIPPOLYTE, GABRIEL.

BARALIER.

Eh bien, demandez à ces messieurs...

HIPPOLYTE.

Mon cher futur Baralier, nous venons d'affranchir tes invitations à la poste; demain, tout le département du Loiret dansera ici.

GABRIEL, embrassant Baralier.

Heureux mortel! frais et jeune comme à vingt ans!

BARALIER, à Léon.

Eh bien, doutez-vous encore?

LÉON D'ORVIGNY, serrant le collet de Baralier et avec une fureur concentrée.

Monsieur, si je ne respectais le salon d'une femme, je vous aurais anéanti déjà.

BARALIER, au comble de l'effroi.

Au secours, mes amis!

GABRIEL, arrivant du fond, à Léon.

Monsieur...

LÉON D'ORVIGNY.

Parlez bas.

GABRIEL.

Monsieur, qui insulte mon ami m'insulte...

HIPPOLYTE.

Et moi aussi.

GABRIEL, à Hippolyte.

Ne soyons pas deux.

BARALIER, reculant.

Ne soyons pas trois.

GABRIEL, à Léon.

Vous allez me faire raison de ce procédé sauvage.

HIPPOLYTE, à Gabriel.

Débarrassons notre château de cet importun.

LÉON D'ORVIGNY, à Gabriel.

Ah! vous arrivez fort à propos! justement, je cherchais une querelle! merci.

GABRIEL.

Je la cherche toujours, moi.

HIPPOLYTE.

Toujours.

BARALIER, à part.

Jamais.

LÉON D'ORVIGNY, tendant la main à Gabriel.

Touchez là, monsieur! vous me rendez un vrai service et je vous en serai reconnaissant jusqu'à votre mort.

GABRIEL.

Avez-vous vos armes?

LÉON D'ORVIGNY.

Je n'ai jamais d'armes, monsieur.

GABRIEL.

Je les accepte toutes, moi.

LÉON D'ORVIGNY.

Alors je puis choisir.

GABRIEL.

Choisissez.

LÉON D'ORVIGNY.

Je n'en connais qu'une à mon usage.

GABRIEL.

Je l'accepte.

LÉON D'ORVIGNY.

Parole d'honneur?

GABRIEL.

Parole d'honneur!

LÉON D'ORVIGNY.

Vous connaissez le pont suspendu qui traverse la rivière devant la grille du parc?

GABRIEL.

Je viens d'y passer.

LÉON D'ORVIGNY.

Eh bien, c'est mon arme.

HIPPOLYTE.

Vous vous battez avec un pont?

LÉON D'ORVIGNY.

Oui.

HIPPOLYTE.

Comme Horatius Coclès.

GABRIEL.

Entendons-nous, cette arme n'est pas dans le livre du duel de M. Grisier.

LÉON D'ORVIGNY.

Il est dans le mien.

HIPPOLYTE.

Monsieur n'a que cette arme dans son arsenal?

LÉON D'ORVIGNY.

La manière de s'en servir est bien simple : *pile ou face*; celui qui ne devine pas, tombe tête première dans la rivière, laquelle est profondément encaissée sous ce pont; c'est un torrent qui noye les plus habiles nageurs.

BARALIER, à part.

J'aime mieux un bain à domicile.

GABRIEL.

J'ai accepté.

LÉON D'ORVIGNY.

Partons; votre témoin sera le mien, monsieur; vous pouvez vous flatter de me rendre un fameux service aujourd'hui.

BARALIER.

Il n'y a pas de quoi. (Sortent Léon, Hippolyte et Gabriel.)

SCÈNE V

BARALIER, seul.

Le pont a cinquante pieds d'élévation au-dessus du niveau de la rivière... on se tue d'abord, et on se noie ensuite... double mort inévitable pour l'un ou l'autre... En ma qualité de philanthrope, je désire que pas un des trois ne remette les pieds dans ce château.

SCÈNE VI

BARALIER, CHARLOTTE.

CHARLOTTE.

Je viens de voir sortir les trois jeunes gens; ils marchent d'un pas précipité. Que vient-il de se passer ici, monsieur Baralier? Vous le savez, répondez-moi.

BARALIER.

Mais... je ne sais.

CHARLOTTE.

Répondez-moi, ou je brise votre mariage.

BARALIER.

Il n'y a rien dans tout cela qui puisse alarmer madame de Saint-Marc : cet ennuyeux Léon d'Orvigny va se noyer.

CHARLOTTE.

Ah! mon Dieu! Et les autres ne l'ont pas retenu?

BARALIER.

Au contraire.

CHARLOTTE, ouvrant la porte et appelant.

Madame! madame!

BARALIER, à part.

C'est le moment d'offrir mon bouquet.

Madame, acceptez donc ces fleurs...

SCÈNE VII

Les Mêmes, MADAME DE SAINT-MARC.
(Elle entre avec précipitation.)

CHARLOTTE.

Madame, il n'y a pas une minute à perdre : ce que je viens de vous prédire est arrivé.

BARALIER, s'avançant.

Madame, acceptez donc...

MADAME DE SAINT-MARC, faisant sauter le bouquet.

Qu'est-il donc arrivé, Charlotte?

CHARLOTTE.

M. Léon d'Orvigny va se tuer! Je l'ai vu passer, il était pâle comme la mort.

MADAME DE SAINT-MARC.

Courez à lui, au nom du ciel! Sauvez-le, mon cher Baralier, courez à M. Léon!...

CHARLOTTE.

Votre mariage dépend de ce service...

MADAME DE SAINT-MARC.

Oui, votre mariage... Courez donc...

CHARLOTTE.

Ah! s'il veut se noyer, ce n'est pas la parole de M. Baralier qui l'arrêtera.

MADAME DE SAINT-MARC.

Mais des femmes ne peuvent pas courir à travers champs

comme des folles... Vous qui êtes jeune, monsieur Baralier... partez... Non, non, arrêtez... j'ai une idée... (Elle détache son ruban noir.) Prenez ce ruban, et dites-lui : « Voilà ce que vous donne madame de Saint-Marc... » Et vite ! au retour, nous causerons de votre mariage.

BARALIER.

Madame, j'obéis. (Il sort avec précipitation.)

SCÈNE VIII

MADAME DE SAINT-MARC, CHARLOTTE.

MADAME DE SAINT-MARC, s'asseyant.

Eh bien, Charlotte, ne regrettes-tu pas nos doux ennuis d'hier matin ?

CHARLOTTE.

Non, certes, madame ; les ennuis doux sont toujours des ennuis. Au moins nous nous sentons vivre ! nous existons ! les heures volent ! nos cœurs battent ! notre esprit s'agite ! Ce salon n'est plus un tombeau de vivants. Vive la vie ! Laissons le sépulcre aux morts.

LE PORTIER, annonçant.

Mademoiselle Desbuissons cadette et M. Lemignard.

MADAME DE SAINT-MARC.

Bien ! il ne manquait plus que cette visite pour m'achever.

(Entrent les annoncés.)

SCÈNE IX

Les Mêmes, LEMIGNARD, MADEMOISELLE DESBUISSONS.

MADEMOISELLE DESBUISSONS, à madame de Saint-Marc.

Chère voisine, eh bien, nous venons avec M. Lemignard nous faire confirmer ici une grande nouvelle dont beaucoup de voisins doutent encore.

MADAME DE SAINT-MARC.

De quelle nouvelle parlez-vous, mademoiselle Desbuissons?

MADEMOISELLE DESBUISSONS.

On dit que vous vous mariez.

LEMIGNARD.

Nous avons reçu un billet de faire part.

MADAME DE SAINT-MARC.

Cette fois, on ne vous a pas trompés; je me marie.

CHARLOTTE.

Nous nous marions tous.

MADEMOISELLE DESBUISSONS.

Ah! tant mieux!

CHARLOTTE, à part.

Cela veut dire *tant pis!* en langage Desbuissons.

MADAME DE SAINT-MARC.

Je suis charmée de vous voir approuver mon mariage.

MADEMOISELLE DESBUISSONS.

Comment!... j'ai même dit à M. Lemignard : « Voilà un mariage bien assorti ; seulement, il est fâcheux que le mari ait trente ans de plus que la femme. » (Entrent Léon, en courant, puis Baralier et Hippolyte.)

MADAME DE SAINT-MARC.

Mes chers voisins, je vous présente mon mari. (Elle tend la main à Léon, et le présente.)

LÉON D'ORVIGNY, baisant la main de madame de Saint-Marc.

Ma reconnaissance à vos pieds. Dieu ne m'avait donné qu'une vie, et vous me ressuscitez deux fois.

BARALIER.

Attendez, je ne comprends pas bien ceci... C'est vous, monsieur, qui épousez madame?

HIPPOLYTE.

Eh! ne le vois-tu pas?

BARALIER.

Et moi donc, qui vais-je épouser?

HIPPOLYTE, désignant mademoiselle Desbuissons.

Mademoiselle, probablement.

CHARLOTTE.

Vous êtes donc bien distrait, monsieur Baralier? L'agitation du moment vous trouble la cervelle. Mes cent mille francs de dot sont à vous. Voilà ma main, je me nomme madame Baralier.

BARALIER.

Ah! je ne comprends pas bien... Comment! c'était vous qui m'aviez demandé en mariage?

CHARLOTTE.

Mais il me semble que nous avons échangé un mutuel consentement.

BARALIER, à part.

Que j'ai bien fait de ne pas mettre de nom de femme sur mes lettres d'invitation!... Allons! voilà qui est dit. Une veuve vaut une veuve. Je vous épouse, puisque c'est convenu.

MADAME DE SAINT-MARC, arrivant sur le devant de la scène, à Hippolyte.

A propos, et votre troisième ami, Gabriel Lorot, qu'est-il devenu?

HIPPOLYTE.

Il est submergé, cousine; c'est la victime de ce jour; il n'est pas heureux à *pile ou face*.

MADAME DE SAINT-MARC.

C'était donc un duel?

HIPPOLYTE.

Un duel à l'eau douce. Gabriel s'est noyé en brave; que la rivière lui soit légère! Au fond, je ne le regrette pas. (Entre Gabriel, avec un costume de noyé.)

SCÈNE X

Les Précédents, GABRIEL.

GABRIEL.

Me voilà... c'est de bonne guerre! la rivière n'a pas voulu me garder; monsieur, je suis encore à votre disposition.

LÉON D'ORVIGNY.

Eh bien, je vous invite à deux mariages : acceptez-vous?

GABRIEL.

Aurai-je un pied-à-terre dans le château après vos mariages?

MADAME DE SAINT-MARC.

Avec un couvert à ma table, toujours, et un chevreuil dans mes bois.

GABRIEL.

J'accepte tout.

HIPPOLYTE.

Et moi, je ne refuse rien.

MADEMOISELLE DESBUISSONS.

Eh bien, monsieur Lemignard, que pensez-vous de tous ces mariages?

LEMIGNARD.

J'y réfléchirai... ce soir.

MADAME DE SAINT-MARC.

Charlotte, qu'est-ce que le mariage?

CHARLOTTE.

C'est la consolation du veuvage, madame.

L'ESSAI DU MARIAGE

COMÉDIE EN UN ACTE, EN PROSE

Représentée à Paris, sur le Théâtre-Français.

PERSONNAGES :

RODOLPHE DE LUCY.......................... M. MAILLART.
MISTRISS LAVINIA FETTYPLACE............... Mlle DENAIN.
VINCENT, domestique....................... M. MONROSE.
CLOTILDE, camériste....................... Mlle VALÉRIE.

La scène est aux environs de Strafford, en Angleterre.

L'ESSAI DU MARIAGE

Un jardin anglais, avec parc. — Deux pavillons, à droite et à gauche, avec une porte ouvrant sur la scène. — Un bosquet devant le pavillon de Rodolphe, à gauche; siéges et guéridon de campagne à côté de chaque pavillon. Sur celui de gauche, il y a un vase de fleurs, des livres et un journal.

SCÈNE PREMIÈRE

VINCENT, CLOTILDE.

(Au lever du rideau, Clotilde prépare un thé à deux tasses sur le guéridon à droite. Vincent entre du fond.)

VINCENT, embrassant Clotilde.

Bonjour, ma petite femme.

CLOTILDE.

Bonjour, Vincent... As-tu passé une bonne nuit?

VINCENT.

Excellente... Et toi, ma petite femme?

CLOTILDE.

Moi, j'ai lu un roman jusqu'à deux heures du matin pour endormir madame de Lucy, et je me suis endormie par-dessus le marché.

VINCENT.

M. de Lucy, lui, n'a pas besoin d'opium imprimé ; je l'endors en lui parlant.

CLOTILDE.

Ah ! il faut convenir que voilà deux époux bien originaux. Jeunes tous deux, riches et fraîchement mariés, ils viennent s'établir dans ces deux pavillons, au village de Strafford, comté de Lancastre ; ils vivent très-bien ensemble tout le jour et se séparent, comme deux divorcés volontaires, après le coucher du soleil.

VINCENT, mystérieusement.

Clotilde, sais-tu bien ce que c'est qu'un secret ?

CLOTILDE.

Belle question ! C'est une chose qu'on dit à tout le monde.

VINCENT.

Alors je ne te dirai pas le mien.

CLOTILDE.

Et moi, je dirai à tout le monde que tu as un secret... Je vais commencer par madame de Lucy... Justement (allant près du pavillon de droite) j'entends du bruit chez ma maîtresse ; elle se lève, elle va sonner.

VINCENT, arrêtant Clotilde.

Garde-toi bien de parler !

CLOTILDE.

Alors parle, toi... Vincent, vois-tu, quand on m'annonce un secret, on me met un feu d'artifice sous les talons.

VINCENT.

Je vais l'éteindre... Écoute, si tu tiens à ta place comme

je tiens à la mienne, tu seras bien obligée de garder un secret pour la première fois... M. de Lucy, mon maître, et madame de Lucy, ta maîtresse, ne sont pas mariés.

CLOTILDE.

Vrai ?

VINCENT.

J'ai fait cette découverte hier au soir.

CLOTILDE.

Et comment ?

VINCENT.

Comme on fait toutes les découvertes, par hasard... en lisant une lettre ouverte sur une cheminée.

CLOTILDE.

C'est très-mal, très-mal, Vincent. Lire une lettre !... oh !

VINCENT.

Je ne voulais pas la lire ; mais il y a des lettres qui vous obligent à les regarder du bout de l'œil, quand elles s'ouvrent d'elles-mêmes sans aucune discrétion.

CLOTILDE.

Enfin, le mal est fait... n'en parlons plus... De qui était cette lettre ?

VINCENT.

De madame de Lucy.

CLOTILDE.

Adressée ?

VINCENT.

A M. de Lucy.

CLOTILDE.

Signée ?

VINCENT.

Lavinia, veuve Fettyplace.

17.

CLOTILDE.

Datée?

VINCENT.

D'hier, 24 juin 1854.

CLOTILDE.

Tu as été bien indiscret, Vincent... Enfin le mal est fait, n'en parlons plus.

VINCENT.

N'en parlons plus.

CLOTILDE.

As-tu retenu quelques passages de cette lettre?

VINCENT.

Un seul... il n'y en avait qu'un.

CLOTILDE.

Peux-tu me le dire sans indiscrétion?

VINCENT.

Avec indiscrétion... Le voici. Je l'ai appris par cœur à mon insu. — « Cher monsieur, je vous donne vingt-quatre heures pour deviner une faute que vous avez commise, aujourd'hui, dans notre promenade à la station du chemin de fer de Birmingham. Votre vraiment dévouée, LAVINIA, veuve Fettyplace. »

CLOTILDE.

Et tu as reconnu l'écriture de ma maîtresse?

VINCENT.

Parbleu!... Oh! ils ne sont pas mariés! c'est sûr.

CLOTILDE.

Eh bien, cela change-t-il quelque chose à notre condition?

VINCENT.

Oui!... Nous sommes plus forts.

CLOTILDE.

Comment?

VINCENT.

Nous avons le secret de nos maîtres, et ils n'ont pas le nôtre; nous les dominons; nous les dominons, c'est dans l'ordre, ils sont nos maîtres! — Où serait le charme de l'obéissance passive, si nous n'avions pas le plaisir de tromper?

CLOTILDE.

Cachons-leur donc toujours bien que nous sommes mariés, nous!

VINCENT.

C'est facile; il n'y a qu'à ne jamais nous disputer devant eux; ils ne nous croiront jamais mariés.

CLOTILDE.

Adopté unanimement. (Elle passe à gauche.)

VINCENT, la prenant par le bras et se promenant vers la droite avec elle.

Maintenant, ma petite femme, ne me donneras-tu rien en échange du secret que je te donne?

CLOTILDE, réfléchissant.

Voyons...

VINCENT.

Cherche bien.

CLOTILDE, réfléchissant toujours.

J'ai beau chercher...

VINCENT, s'arrêtant.

Clotilde, vous êtes une ingrate, et vous cachez un secret

à votre mari. Eh bien, je n'ai pas eu besoin de tes yeux pour voir ; les miens comptent pour quatre.

CLOTILDE.

Et qu'as-tu vu avec tes quatre yeux ?

VINCENT.

Écoute, Clotilde... Hier, j'ai suivi mon maître dans sa promenade à cheval de tous les jours, du côté d'Everington.

CLOTILDE.

Je le sais.

VINCENT.

Et, en notre absence, un homme est entré là, dans ce pavillon (montrant le pavillon de Lavinia, à droite), dans ce pavillon, où M. de Lucy lui-même n'est jamais entré.

CLOTILDE, feignant la surprise.

Ah !

VINCENT.

Ne joue pas la surprise ; je connais ce jeu.

CLOTILDE.

Et qui a vu cet homme ?

VINCENT.

Mes yeux.

CLOTILDE.

Ils étaient absents.

VINCENT.

J'en avais laissé deux ici.

CLOTILDE.

Ah bah ! j'ai fait mon devoir, tant pis !... Oui, tu as raison, un homme est venu, hier, en l'absence de M. de Lucy. Ma maîtresse m'avait défendu de parler de cette visite au valet de chambre Vincent, mais je ne lui désobéis point; j'en parle à mon mari.

VINCENT.

Une femme ne doit rien cacher à son mari.

CLOTILDE.

Surtout lorsque le mari sait déjà ce que sa femme veut lui cacher... Mais comment as-tu découvert cette visite?

VINCENT.

Oh! par un moyen très-simple... Comme je tiens à être le maître de mon maître, je saisis toutes les occasions de connaître, les unes après les autres, ses secrets. Toutes les fois que nous sortons, je mets délicatement une légère couche de sable fin sur la petite allée qui aboutit au pavillon de madame. Or, hier, en rentrant, j'ai vu sur mon sable deux larges traces d'un grand pied botté qui appartient au sexe masculin.

CLOTILDE.

Mon Dieu! comment se fait-il que ma maîtresse, qui est une Anglaise élevée à Paris, et qui est très-fine par conséquent, n'ait pas prévu le sable fin?

VINCENT.

Et toi... l'avais-tu prévu?

CLOTILDE.

Mais, moi, je n'ai pas reçu d'éducation; je n'ai pas été élevée du tout.

VINCENT.

Et l'as-tu vu, cet homme, toi?

CLOTILDE.

L'homme du pied botté?

VINCENT.

Oui.

CLOTILDE.

Je l'ai introduit en secret par l'autre porte de ce pavillon mais je ne l'ai vu que de côté.

VINCENT.

Est-ce un homme grand?

CLOTILDE.

Oui.

VINCENT.

Jeune?

CLOTILDE.

Pas trop.

VINCENT.

Beau?

CLOTILDE.

Non... Si tu t'habillais en gentleman, tu lui ressemblerais beaucoup.

VINCENT.

Voilà donc à quelle espèce d'homme une femme sacrifie M. de Lucy, un modèle du *Journal des Modes parisiennes!* Oh! les femmes!... Clotilde, je jure sur ta tête que, si j'avais un jour la chance d'être veuf, je ne me remarierais plus.

CLOTILDE, lui frappant sur l'épaule

Finissez donc, monsieur, avec vos vilains serments!

VINCENT.

Chut!... Voici mon maître... Travaillons.

CLOTILDE.

Ou faisons le semblant.

VINCENT.

C'est la même chose.

CLOTILDE.

Et on se fatigue moins.

(Rodolphe de Lucy paraît sur la porte du pavillon de gauche, une lettre ouverte à la main. Clotilde et Vincent se séparent et ont l'air de s'occuper dans le jardin.)

SCÈNE II

RODOLPHE DE LUCY, réfléchissant et lisant une lettre.

Mistriss Lavinia m'affirme que j'ai commis une faute à la station... j'ai beau récapituler tous les incidents de notre promenade du soir, je ne trouve rien... promenade irréprochable... Voyons, rentrons bien dans mes souvenirs... Une jeune voyageuse très-jolie, et blonde à l'excès, est descendue de wagon; je me suis bien gardé de dire : « Oh! la belle blonde !... » Lavinia est brune... j'aurais commis une faute d'écolier... Mon devoir est de détester éternellement les blondes. Il n'y a que des brunes en Angleterre; c'est convenu tacitement entre Lavinia et moi... Et même il n'y a qu'une brune, c'est Lavinia... Notre conversation a roulé sur des sujets frivoles... rien n'a pu la blesser... J'ai raconté une de mes aventures de Paris... J'avais dix-huit ans... mon âge d'or... pas la moindre intrigue sur l'horizon dans cette aventure... pas le moindre amour en herbe... Puis elle a regardé une clochette d'iris sur le bord d'un petit ruisseau; ce regard était une prière, j'ai obéi avant l'ordre; j'ai cueilli la fleur; un sourire divin m'a remercié... Ensuite nous avons causé amour... sujet que six mille ans de dialogue n'ont pas épuisé... J'ai trouvé du neuf... ce n'est pas une faute... Ah! j'oubliais!... Lavinia m'a fait un éloge enthousiaste du jeune sir Charles, notre voisin de parc... Je puis m'avouer à moi-même, sans craindre la contradiction, que je suis jaloux comme le mur d'un harem. J'aurais même inventé la jalousie, si le jaloux Caïn n'avait été mon plagiaire, quand le monde n'avait que trois habitants. Eh bien, j'ai accueilli par un sourire continuel l'éloge de sir Charles. Les femmes se permettent d'être jalouses, mais elles défendent aux hommes d'être jaloux. J'ai donc tout souffert sans me démasquer; on ne peut pas être plus délicat... Vraiment, je m'y perds!... et pourtant Lavinia ne peut se tromper... sa perception a des nuances de délicatesse infaillible... Elle doit avoir raison... L'énigme a un mot... Je ne le trouve pas.

SCÈNE III

RODOLPHE, CLOTILDE, LAVINIA.

RODOLPHE.

La voici... (Il s'avance rapidement pour lui serrer affectueusement la main. — Lavinia paraît triste.)

CLOTILDE, s'avançant.

Le thé de madame est servi.

RODOLPHE, à Clotilde.

C'est bien, vous pouvez vous retirer...

CLOTILDE, à part.

Ils ont des secrets à se dire : ils ne sont pas mariés. (Elle remonte la scène. — Rodolphe et Lavinia prennent place devant le guéridon du thé : Lavinia est à gauche, Rodolphe est à droite. — Clotilde disparaît dans les allées du parc.)

SCÈNE IV

RODOLPHE, LAVINIA.

LAVINIA, versant le thé.

Eh bien, monsieur, avez-vous deviné la faute?

RODOLPHE.

Non, madame ; je l'ai pourtant bien cherchée... mais j'en ai découvert une autre que je ne cherchais pas.

LAVINIA.

Chez vous?

RODOLPHE.

Non, madame.

LAVINIA.

Alors c'est moi qui l'ai commise.

RODOLPHE.

Madame, j'use de mon droit.

LAVINIA.

Et moi aussi ; nous sommes ainsi fidèles tous deux à nos conventions... Voyons ma faute... J'écoute.

RODOLPHE.

Je vous avertis, madame, que je serai très-sévère.

LAVINIA.

Je prendrai ma revanche sur le même ton.

RODOLPHE.

Ce matin, madame, votre lever a été triste comme un coucher de soleil d'hiver. Ces sortes de levers mélancoliques, sans motifs préalables, sont des sujets permanents de querelles entre deux époux, et troublent jusqu'à la nuit le calme d'un ménage. Le mari demande à la femme le motif de sa tristesse matinale; la femme répond qu'elle n'a aucun motif, et soutient mélancoliquement qu'elle est fort gaie. Le mari insiste, la femme tient bon. Ils ont alors tous les deux un motif d'être tristes; ils se suppriment mutuellement la parole, et se tiennent à distance comme deux pestiférés. Voyez, au contraire, quelle joie domestique est promise à tout un jour lorsque le lever est riant. Une jeune femme qui se montre le matin à son mari, le sourire aux lèvres, est la vivante image d'une aurore de printemps; elle enchante l'horizon du toit conjugal; elle couvre de tentures d'azur ses lambris domestiques; elle prodigue partout les douces teintes de la sérénité. Le sourire du matin, c'est le bonheur du jour.

LAVINIA.

Ma réponse va bien vous étonner, monsieur de Lucy.

RODOLPHE.

Oui, si votre réponse me donne tort.

LAVINIA, lui tendant la main.

Elle vous donne raison.

RODOLPHE.

Elle ne m'étonne pas.

LAVINIA.

Pourtant les tristesses du matin ont quelquefois un motif grave... le lendemain a souvent le tort d'avoir une veille.

RODOLPHE.

Alors on s'explique. Nous arrivons à ma faute d'hier.

LAVINIA.

Vous ne l'avez donc pas devinée?

RODOLPHE.

Je l'ai cherchée toute la nuit.

LAVINIA, avec un soupir.

Mon Dieu! que les hommes sont oublieux des petits détails!... Hier au soir, vous avez été charmant, monsieur de Lucy; vos paroles étaient d'une tendresse adorable; votre organe avait cette mélodie intime qui accompagne si bien les confidences du soir, quand on est deux à marcher sur les mêmes fleurs dans un paysage d'été. A cette belle heure, où la première étoile se lève, la campagne est un concert tout rempli d'harmonies lointaines, et je n'écoutais rien; je n'écoutais que vous; la voix qui vient du cœur est le plus mélodieux des instruments... Tout à coup, au milieu d'une phrase de tendre expansion, vous vous êtes arrêté, monsieur de Lucy, et vous vous êtes écrié, avec l'accent d'un botaniste enthousiaste : « Oh! quel arbre superbe! quel chêne!...» En effet, le chêne vert devant lequel nous passions était magnifique, j'en conviens; mais le moment m'a paru bien mal choisi pour admirer une merveille de végétation. Hélas! vous m'avez oubliée un instant, et cet instant a été bien long, bien cruel! vous m'avez oubliée pour un arbre! La susceptibilité du cœur n'analyse pas, elle sent. Vous m'avez blessée, et tout ce que votre tendresse a ajouté ensuite quand vous êtes revenu à moi, je ne l'ai pas entendu; mes yeux ne quittaient pas ce chêne si maladroitement admiré dans une distraction inconcevable; et, de cette promenade du soir, je n'ai rapporté qu'un souvenir amer qui m'a poursuivie dans un rêve et m'a laissé la tristesse de ce matin.

RODOLPHE, se levant.

Je m'incline devant vous, madame, j'ai inventé un crime en amour; pardonnez-moi!

LAVINIA, riant et se levant aussi.

Mais, monsieur de Lucy, vous oubliez nos conventions : je n'ai aucun pardon à vous accorder; nous faisons l'essai du mariage; il est convenu que nous nous donnerions des leçons mutuelles, que nous nous éclairerions charitablement sur nos défauts avec la plus grande franchise, que nous ferions l'exhibition de nos caractères dans un noviciat, et qu'enfin nous nous épouserions si des vices trop incurables n'étaient pas reconnus après un long examen.

RODOLPHE.

Oui, madame, voilà nos conventions; j'y souscris toujours. Seulement, je trouve le noviciat un peu long.

LAVINIA.

Le mariage est bien plus long encore. Nous faisons avant le mariage ce qu'on ne fait ordinairement qu'après. A notre place, comment agissent les autres? Ils se déguisent, ils se masquent, ils se fardent, ils se trompent; ils exhibent leurs qualités, ils cachent leurs défauts. Aussi, après le mariage, les deux époux ne reconnaissent plus les deux amants; les qualités ont disparu; les défauts éclatent au grand jour, et

Dieu sait quel avenir gros de disputes conjugales commence après leur lune rousse de miel! Voilà ce que nous voulons éviter. Nous avons besoin plus que d'autres, nous, de cette épreuve de noviciat; vous êtes Français, je suis Anglaise; aussi nous devons avoir des défauts indigènes propres à nos nations, et, de plus, les défauts universels de l'humanité. La liste est longue. Jusqu'à présent, notre mutuelle censure a taillé dans le vif, et a jonché des débris de nos défauts le chemin de notre mariage; mais nous sommes encore loin de la perfection relative, croyez-le bien. N'abrégeons pas trop le noviciat. Tenez, le hasard m'a fait découvrir votre bel arbre d'hier au soir; après notre mariage, cet arbre aurait fait souche; nous l'aurions changé en forêt sombre, et nous n'en sortions plus. Ce matin, j'ai déraciné l'arbre d'un seul coup : l'espèce en est perdue. Voilà le bénéfice de notre noviciat et de l'essai du mariage. Continuons.

RODOLPHE.

Longtemps encore? Je comptais être heureux demain.

LAVINIA.

Ah! l'homme propose et la femme dispose.

RODOLPHE.

Croyez-vous qu'il y ait encore beaucoup d'arbres à déraciner?

LAVINIA.

Oh! le défrichement est très-avancé aujourd'hui.

RODOLPHE.

Le terrain me paraît très-uni...

LAVINIA.

Prenez garde de glisser.

RODOLPHE.

Vous me tendrez toujours la main?

LAVINIA.

Oui; mais quand la chute est trop prompte, la main arrive trop tard.

RODOLPHE.

Vous croyez donc, madame, qu'il nous reste encore beaucoup de défauts à découvrir?

LAVINIA.

N'en resterait-il qu'un, ce serait trop. On a découvert l'autre nuit une planète...

(Elle prend un journal sur le guéridon de gauche.)

RODOLPHE.

Microscopique.

LAVINIA.

Il y a des défauts microscopiques aussi.

RODOLPHE.

Ceux-là ne sont pas dangereux.

LAVINIA.

Ils grandissent, et, au bout de l'an, on les découvre à l'œil nu.

RODOLPHE.

Quant à moi, je désespère de trouver en vous maintenant une imperfection. J'ai brisé mon télescope.

LAVINIA, allant s'asseoir près du guéridon de gauche.

Votre astronomie est trop galante, et, par malheur, je

n'ose pas vous renvoyer le même compliment. L'expérience d'un premier mariage me rend circonspecte. Vous êtes, vous, dans l'âge d'or du célibat, et vous jugez le mariage d'après la dernière scène du cinquième acte des comédies : vous n'avez jamais vu le sixième ; je l'ai vu, moi. Roméo et Juliette ont eu la bonne idée de mourir ; ils n'avaient pas fait de noviciat ; les deux époux n'auraient pas ressemblé aux deux amants. Je les ai ressuscités vingt fois pour me donner la douleur de les voir vivre tous deux âgés de quarante ans. L'orfraie aurait chanté après l'alouette... Oh ! qu'ils sont heureux d'être morts dans leurs amours !

RODOLPHE, s'animant par degrés et passant à la droite de Lavinia.

Madame, la situation vous plaît, je le vois, et vous la prolongez avec un art charmant ; vous la prolongeriez toujours jusqu'au delà de l'âge très-mûr. Tout vous intéresse dans le petit drame intime que nous jouons entre deux pavillons ; tout vous amuse, excepté le dénoûment, qui vous fait peur. Voilà six mois déjà passés dans le noviciat. Nous avons relevé tous les écueils de la carte du mariage ; nous avons marqué d'un point noir tous les Charybde et Scylla de l'amour, tous les détroits où le bonheur fait naufrage. J'ai brûlé mes nuits à ce travail d'exploration ; vous m'avez fait le Tantale de l'amour conjugal ; je demande à vivre ; c'est la légitime ambition d'un agonisant ; je n'ai plus la force de jouer au mariage en plein soleil et de raconter mon célibat aux étoiles ; j'implore le dénoûment. J'ai subi avec résignation le début et le milieu de cette vie excentriquement anglaise, j'ai mérité la fin. Assez de théorie ; embrassons la pratique : marions-nous.

LAVINIA.

Connaissez-vous l'histoire du commodore Jefferson ?

RODOLPHE.

J'ai oublié toutes les histoires en faisant la mienne.

LAVINIA.

Je vais vous apprendre celle-ci. Ce brave marin a relevé, dans un voyage de quatre ans, tous les archipels inconnus de l'océan Pacifique. Londres l'attendait pour le couronner de gloire, il échoua dans la Tamise, devant Gravesend. Il fit naufrage au port.

RODOLPHE.

Et moi donc aussi, j'ai trouvé un écueil dans la Tamise?

LAVINIA.

Oui, et je veux bien vous remettre à flot. Jefferson n'a pas été si heureux.

RODOLPHE.

De grâce, madame, expliquez-moi...

LAVINIA, se levant.

Vous venez de déchirer l'article 11 de notre traité ; je vais vous le citer de mémoire : « Mistriss Lavinia déterminera seule et arbitrairement la fin du noviciat. En aucun cas, M. Rodolphe de Lucy ne pourra élever aucune plainte, ni témoigner aucune impatience. » Il vous est permis d'oublier tout, excepté l'article 11 de notre traité.

RODOLPHE.

J'ai tort.

LAVINIA.

Voilà deux admirables mots dans la bouche d'un homme

RODOLPHE.

M'ont-ils remis à flot?

LAVINIA.

Et avec un vent favorable.

RODOLPHE.

Y a-t-il encore des écueils de Gravesend à la tour de Londres?

LAVINIA.

Oui, le capitaine Smith a naufragé à Blake-Hall.

RODOLPHE.

Pauvre capitaine Smith!

SCÈNE V

LAVINIA, VINCENT, RODOLPHE.

(Vincent présente une lettre à Rodolphe sur un plat d'argent.)

RODOLPHE, embarrassé, allant à Vincent.

Que m'apportez-vous là?

VINCENT.

Une lettre.

RODOLPHE.

Cette lettre ne m'est pas adressée; je n'attends qu'une lettre de ma mère, poste restante; personne ne connaît mon adresse à Strafford.

VINCENT, lisant.

« A monsieur Rodolphe de Lucy, poste restante, à Strafford. »

RODOLPHE.

Et pourquoi donc m'apporte-t-on cette lettre?

VINCENT.

Le facteur a dit qu'il connaissait votre adresse, et il a voulu vous épargner la peine de...

RODOLPHE, interrompant brusquement et prenant la lettre.

C'est bien!...

VINCENT, à part.

Cela veut dire : « C'est mal... »

RODOLPHE, à Lavinia.

Vous permettez, madame? (Il décachette la lettre.)

LAVINIA, d'un ton ironique.

Lisez la lettre de votre mère, poste restante. (A part, en s'en allant.) Pauvre Jefferson! (Elle entre dans le pavillon à droite.)

SCÈNE VI

RODOLPHE, VINCENT.

RODOLPHE, après avoir lu la lettre, se retourne, et, n'apercevant plus Lavinia, il passe à droite et appelle :

Vincent, Vincent, approche!

VINCENT.

Me voilà...

RODOLPHE.

Je vais te donner ce qu'il te faut pour retourner à Paris, selon nos conventions.

VINCENT.

Monsieur me donne mon congé?

RODOLPHE.

Non... je te fais voyager à mes frais. Ce soir, tu prendras une place à la station, et, demain au soir, tu seras à Paris.

VINCENT.

Où je resterai?

RODOLPHE.

Si cela te convient. Tu peux aller ensuite où bon te semblera; mais je te défends de remettre les pieds chez moi. Tu es trop maladroit avec la poste restante et les facteurs.

VINCENT.

Et Clotilde?

RODOLPHE.

Madame est fort contente de Clotilde, et nous la gardons.

VINCENT, feignant la sensibilité.

Eh bien... moi, je suis si dévoué à mon maître, que je ne le quitterai pas; je n'accepte pas mon congé.

RODOLPHE.

Point d'insolence, drôle! Nous ne sommes pas à Paris; nous sommes en Angleterre, pays libre pour les maîtres!

VINCENT, avec mystère.

Et si j'avais un secret d'où dépendît votre bonheur?

RODOLPHE.

Quel secret?...

VINCENT.

Un secret connu de moi seul.

RODOLPHE.

Prends garde, Vincent ! Tu comptes trop sur ma bonté.

VINCENT, avec mystère.

Je compte beaucoup sur le service que je vais rendre à mon excellent maître. Vous m'avez donné mon congé, c'est bien ; je ne suis plus à votre service ; je suis un étranger ; mais, en vous quittant, si je m'aperçois que votre maison s'écroule, mon dernier devoir est de vous avertir. Quand j'aurai parlé, vous retirerez ce congé à un serviteur clairvoyant et fidèle, et vous me remercierez, j'en suis certain.

RODOLPHE, très-agité.

Quel secret ? Voyons, parle.

VINCENT.

Impossible ! Révéler un secret de cette importance tout près d'un pavillon habité par deux femmes n'est pas chose prudente. Les murs ont des oreilles ; les fenêtres sont les oreilles des murs : une fenêtre est une oreille ouverte, surtout quand elle est fermée ! Suivez-moi dans le parc.

(Il sortent.)

SCÈNE VII

LAVINIA, seule. (Elle paraît sur la porte du pavillon.)

Toute lettre exige une réponse ; M. de Lucy aura la sienne ; je ne veux pas lui ménager les leçons.

SCÈNE VIII

CLOTILDE, LAVINIA.

LAVINIA.

Clotilde... voici une lettre que vous aurez soin de me donner devant M. de Lucy... devant lui, vous entendez?

CLOTILDE, sortant du pavillon.

Oui, madame.

LAVINIA.

Ah! Clotilde, quelle est votre opinion sur Vincent, le valet de chambre de M. de Lucy?

CLOTILDE, embarrassée.

Mais je le crois très-honnête, très-fidèle...

LAVINIA.

Fidèle à qui?

CLOTILDE.

Mais à son maître... (A part.) Est-ce qu'elle se douterait de notre mariage?

LAVINIA

Que pensez-vous de son caractère?

CLOTILDE.

Madame, je lui parle fort peu, et je suis trop jeune encore pour commencer mes études sur les valets de chambre... Cependant je crois que M. Vincent a un excellent caractère.

LAVINIA.

Eh bien, Clotilde, prendriez-vous Vincent pour mari ?

CLOTILDE, avec un mouvement de surprise.

Pour mari ?

LAVINIA.

Oui, épouseriez-vous Vincent sans répugnance ?

CLOTILDE.

Eh bien, madame, à vous parler avec franchise, ce mariage serait assez de mon goût.

LAVINIA.

Cela suffit... Je vous établirai, Clotilde... et très-convenablement... vous serez satisfaite... Au reste, j'ai remarqué, depuis six mois, que vous viviez en très-bonne intelligence avec Vincent... M. de Lucy a fait la même observation de son côté... Jamais l'un de vous deux n'élève une plainte contre l'autre. C'est chose rare qu'un pareil accord entre valet de chambre et femme de chambre qui ne sont pas mariés...

CLOTILDE.

Oh ! il est vrai de dire que nous ressemblons à un bon ménage.

LAVINIA.

Vous continuerez après, n'est-ce pas ?

CLOTILDE.

C'est si facile, après ! Est-ce que mari et femme se querellent ?

LAVINIA.

Quelquefois.

CLOTILDE.

Mais ils ont toujours un raccommodement tout prêt sur les lèvres : ils sont mariés.

LAVINIA.

C'est juste... Eh bien, Clotilde, voici la conclusion de tout ceci : faites ce que je vous ai dit, et ma récompense ne sera pas longtemps attendue. N'oubliez pas ma lettre et faites entrer M. Gipson en secret, comme vous l'avez fait hier.

CLOTILDE.

Bien, madame. Je vais attendre le moment favorable dans le jardin.

(Elle sort du côté du pavillon de Lavinia.)

SCÈNE IX

LAVINIA, seule.

(Elle prend un livre sur le guéridon de gauche et va s'asseoir, pour le lire, près de celui de droite.)

Essayer le mariage!... est-ce raisonnable? est-ce fou?... Je commence à douter maintenant. Il faudrait peut-être faire un pareil essai toute sa vie... Les hommes n'y consentiraient jamais. (Elle s'assied à droite et lit. — Rodolphe paraît au fond; il marche la tête baissée et les bras croisés.)

SCÈNE X

LAVINIA, RODOLPHE.

RODOLPHE, en entrant et à part.

Un homme est entré dans ce pavillon... Oui, Vincent est un excellent domestique. Je le récompenserai. Comme elle est abîmée dans ses réflexions! Décidément, l'homme est né pour le célibat. (A Lavinia.) Quel beau livre lisez-vous là, madame?

LAVINIA.

Shakspeare, monsieur.

RODOLPHE.

Shakspeare!... grand poëte!... il a inventé Othello!... Othello! voilà un mari qui a su faire le véritable essai du mariage!... le seul essai raisonnable... deux bons coups de poignard : un pour la femme, un pour le mari. (Il tousse légèrement et s'agite sur sa chaise pour attirer l'attention de Lavinia.)

LAVINIA.

Que pensez-vous d'*Othello*, monsieur de Lucy?

RODOLPHE.

C'est un chef-d'œuvre, madame.

LAVINIA.

Au point de vue littéraire... Mais au point de vue conjugal?

RODOLPHE.

C'est une leçon perdue, comme toutes les leçons.

LAVINIA.

Perdue pour les maris... Desdemona est innocente.

RODOLPHE.

Voilà la beauté de la leçon! Othello la tue innocente, jugez de ce qu'il eût fait si elle eût été criminelle! Eh bien, les femmes, coupables ou non, devraient toutes trembler après une lecture d'*Othello*, et s'enfermer entre quatre murs pour dépister tous les Yago médisants ou calomniateurs.

LAVINIA.

Pourquoi pas? si les hommes s'enfermaient aussi entre les mêmes quatre murs, sans Yago.

RODOLPHE.

Les hommes ont des devoirs de citoyen à remplir : ils ont les élections, le jury, la politique, la bourse, la garde nationale. Les femmes sont libres; donc, on peut les enfermer à triple tour.

LAVINIA, riant.

Elles sont libres; donc, elles doivent être esclaves.

RODOLPHE.

Oui, madame, toujours pour éviter les Yago.

LAVINIA.

Mais les Yago sont des menteurs!

RODOLPHE.

Pas tous.

LAVINIA, se levant.

Béni soit Shakspeare!... sans lui, nous allions faire une sottise énorme.

RODOLPHE.

Laquelle?

LAVINIA.

Nous allions nous marier sans avoir essayé le mariage au

chapitre de la jalousie... le chapitre le plus important !...
Monsieur de Lucy, vous avez un penchant marqué du côté
de la jalousie; je viens de le découvrir, et cela me fait
peur... Vous vous taisez ?...

RODOLPHE.

Madame, je ne vous ai jamais donné prétexte pour...

LAVINIA.

Point de phrases détournées !... Êtes-vous jaloux, oui
ou non ?

RODOLPHE.

Non, madame...

SCÈNE XI

Les Mêmes, CLOTILDE.

CLOTILDE, apportant une lettre sur un plateau.

Voici une lettre, madame, avec cette indication sur
l'adresse : « En grande hâte... » en anglais : *In great haste !*

LAVINIA, prenant la lettre.

C'est bien...

CLOTILDE.

Voilà pourquoi je me suis permis d'interrompre madame
dans sa conversation...

LAVINIA.

C'est bien, vous dis-je...

(Elle affecte de regarder l'adresse avec attention.)

CLOTILDE, à part.

Voici l'orage, abritons-nous.

(Elle sort.)

SCÈNE XII

RODOLPHE, LAVINIA.

LAVINIA, ouvrant la lettre.

Vous permettez, monsieur de Lucy? (Rodolphe s'incline et paraît vivement ému.) Ah! c'est une lettre de mon homme d'affaires! Il me demande une signature... Je signerai ce soir...

RODOLPHE, avec ironie.

C'est une signature demandée *en grande hâte...*

LAVINIA.

Ces gens-là sont toujours pressés; ils veulent nous enlever la réflexion. (Mettant la lettre dans son corset.) Mais, moi, je réfléchis toujours vingt-quatre heures avant de signer.

RODOLPHE, très-ému.

Je n'ai jamais vu l'écriture d'un homme d'affaires anglais.

LAVINIA.

Oh! vous savez, les écritures chez nous se ressemblent toutes. C'est toujours le même Anglais qui écrit avec la même plume, le même style, le même papier.

RODOLPHE.

N'importe! j'achèterais bien cher l'autographe de cet homme d'affaires, et j'en donnerais le prix à l'hospice des aveugles de Strafford.

LAVINIA.

L'hospice des aveugles de Strafford a une dotation du duc de Lancastre, une rente de dix mille livres, et il n'y a que trois aveugles en ce moment. On voit très-clair, en général, dans le pays où nous sommes.

RODOLPHE.

Je m'en aperçois depuis un instant. Vous aviez raison, madame, je devais échouer au port.

LAVINIA.

Et c'est ainsi que vous vous justifiez?

RODOLPHE.

Comment?

LAVINIA.

Votre mémoire n'attend pas seulement le lendemain pour vous faire défaut.

RODOLPHE.

Expliquez-vous, madame, je vous prie.

LAVINIA.

Oui, oui... Tout est permis aux hommes, tout est défendu aux femmes. Voilà notre Code civil en deux mots. Ce matin, vous avez reçu une lettre par ricochet. La poste restante avait commis une erreur. Je me suis inclinée, et je vous ai cru sur parole. Une lettre est toujours un mystère sous enveloppe. J'ai respecté ce mystère. Vous ne m'avez donné aucune explication. Cela vous est permis... privilége de votre sexe... Puis, à mon tour, je reçois une lettre, et votre mauvaise humeur éclate en phrases nébuleuses, mais très-claires pour moi. Je ne dois pas garder mon secret; cela m'est défendu... Je dois donner une explication, moi... privilége de mon sexe... Trouvez-vous cela juste, monsieur de Lucy?... *Confiance pour confiance,* telle doit être la devise du mariage, et nous ne sommes encore qu'à l'essai!... Que me réservez-vous après le *oui* sacramentel?

RODOLPHE.

Madame, vous avez raison avec une obstination qui me désespère. Voici ma lettre poste restante, lisez-la; c'est ma mère qui m'annonce une bonne nouvelle. On avait projeté un mariage en famille; ce mariage est rompu... Veuillez bien lire, madame...

LAVINIA, repoussant la lettre.

Cela suffit, monsieur de Lucy; vous êtes justifié.

RODOLPHE, à part.

Ah! elle ne m'offre pas la sienne!...

LAVINIA.

Voilà une discussion qui a dérangé vos habitudes; les habitudes sont les éléments du bonheur. Vous avez oublié votre promenade à cheval de tous les jours.

RODOLPHE, comme réveillé en sursaut.

Ma promenade!... Ah! oui... je n'y songeais pas... je la ferai demain.

LAVINIA.

Non, vous la ferez aujourd'hui.

RODOLPHE, troublé, à part.

Décidément, c'est un rendez-vous! (Haut.) Vous exigez cette promenade, madame?

LAVINIA.

Oui, j'ai de bonnes raisons pour l'exiger.

RODOLPHE, à part.

Le sable fin! (Haut.) Ah! vous avez des raisons... pour...?

LAVINIA.

Quel air mystérieux prenez-vous encore!... Oui, le mois dernier, vous avez aussi renvoyé votre promenade au lendemain, et, le lendemain, votre cheval s'est emporté...

RODOLPHE.

Madame, cette raison me touche profondément et me décide... Je vais monter à cheval.

LAVINIA.

Très-bien!... et, pour vous récompenser de votre obéissance, je rentre chez moi, et je vais m'occuper sérieusement de... notre avenir. Adieu, monsieur de Lucy, pensez à moi, et n'admirez pas trop les beaux arbres du chemin.

(Elle sort rapidement par le pavillon de droite.)

SCÈNE XIII

RODOLPHE, seul.

(Il suit quelque temps des yeux Lavinia.)

La fourberie! la perfidie! l'hypocrisie!... Comme on a bien fait de mettre la collection de ces trois vices dans le genre féminin! Et j'allais épouser cette femme, j'allais unir ma vie à ce huitième péché capital!... Voyons, consultons-nous... Est-ce que je l'aime encore? Non, je la déteste avec délices. Heureusement, la haine est la fille de l'amour... Mais je ne me contente pas de haïr cette femme, je veux la confondre et l'écraser sous le poids de la honte, avant la nuit, en plein soleil, pour voir si son visage connaît la rougeur !... (Il appelle dans le parc.) Vincent! Vincent!

SCÈNE XIV

VINCENT, RODOLPHE.

RODOLPHE.

Les deux chevaux sont-ils prêts?

VINCENT.

Oui, monsieur, et moi aussi. Je comprends.

RODOLPHE.

Tu m'as donc deviné?

VINCENT.

Vous allez voir. Je vais partir avec les deux chevaux et faire du bruit comme quatre.

RODOLPHE.

Très-bien, Vincent! te voilà passé maître.

VINCENT.

Maître en livrée.

RODOLPHE.

Eh! ne portons-nous pas tous la livrée? Moi-même, ce matin, n'étais-je pas le valet d'une femme?... Un frac noir, voilà la véritable livrée. Tu portes l'habit de l'indépendance, toi!... Vincent, tu m'as rendu un service signalé; je ne serai pas ingrat, et je veux assurer ton bonheur aujourd'hui même; mon lendemain est douteux. (Tirant un portefeuille.) Tiens, prends ceci... ceci est à toi. C'est le bonheur en billets de banque.

VINCENT, ravi de joie et prenant le portefeuille.

Oh! monsieur de Lucy!...

RODOLPHE.

Ceci n'est qu'un à-compte sur un legs; tu ne seras pas oublié dans mon testament, bon serviteur.

VINCENT.

L'argent ne fait pas le bonheur, mais il n'y a pas de bonheur sans argent.

RODOLPHE, montrant Vincent.

Et elles osent appeler ces gens-là des Yago!

VINCENT, indigné.

Oh!

RODOLPHE.

Sais-tu ce que c'est qu'un Yago?

VINCENT.

Non.

RODOLPHE.

Tant mieux! Ignore-le toujours.

VINCENT.

C'est très-facile d'ignorer.

RODOLPHE.

Et, pour te rendre à jamais heureux, je te donne cet argent et ce legs à une condition expresse et facile à accepter.

VINCENT.

Laquelle, mon bienfaiteur ?

RODOLPHE.

Tu vas me jurer solennellement que tu resteras garçon toute ta vie.

VINCENT, reculant de deux pas, et à part.

Ah ! mon Dieu !

RODOLPHE.

Tu hésites ?

VINCENT.

Moi, hésiter ?... Oh ! vous ne me connaissez pas !... Je jure de ne jamais me marier... à dater d'aujourd'hui.

RODOLPHE.

Oui, jamais.

VINCENT, à part.

J'en ai bien assez d'une fois.

RODOLPHE.

Maintenant, va te promener avec les deux chevaux.

VINCENT.

Je vais faire un vacarme d'escadron.

(Il sort.)

SCÈNE XV

RODOLPHE, seul.

Observons sans être vu. (Il se cache dans un bosquet, devant le pavillon de gauche.) Si j'étais jaloux, si j'aimais, ma position serait horrible en ce moment. Par bonheur, je ne suis qu'un simple curieux qui vient assister à la révélation de l'inconnu.

SCÈNE XVI

RODOLPHE, caché; CLOTILDE.

CLOTILDE.

(Elle ouvre avec précaution la porte du pavillon de Lavinia et regarde dans le jardin et le parc.)

Ils sont partis... j'ai entendu le galop des chevaux... Ouvrons la petite porte du parc.

(Elle sort.)

SCÈNE XVII

RODOLPHE, seul.

La petite porte du parc !... Je tremble comme si j'étais jaloux... Voilà donc le rôle abominable que jouent les femmes de chambre ! Grandes dames et soubrettes, elles se liguent avec un art infernal lorsqu'il s'agit de tromper un amant ou un mari! (Regardant dans le parc.) Un homme !... je tremble comme si j'aimais...

SCÈNE XVIII

RODOLPHE, caché; CLOTILDE.

CLOTILDE, reparaissant avec mystère à la porte du pavillon de Lavinia.

Vous trouverez madame dans la seconde pièce à gauche; elle vous attend. (A elle-même.) Tout a réussi... Madame sera contente de moi. (Elle prend un râteau et le tient en guise de fusil.) Plaçons-nous comme une sentinelle, et faisons-nous tuer à notre poste pour le service de l'amour.

RODOLPHE.

Oh! je n'y tiens plus! le sang m'étouffe! Éclatons.

(Il sort vivement du bosquet. — Clotilde pousse un cri terrible et s'enfuit dans le parc, laissant tomber le râteau.)

SCÈNE XIX

RODOLPHE, LAVINIA.

-LAVINIA. (Elle ouvre vivement la porte du pavillon.)

Que se passe-t-il donc ?... Ah! monsieur de Lucy, vous êtes déjà de retour de votre promenade?

RODOLPHE.

Si cela vous contrarie, madame, je ne serai pas de retour.

LAVINIA.

Oui, cela me contrarie beaucoup.

RODOLPHE.

Voilà de la franchise, au moins.

LAVINIA.

Ah! la franchise vous déplait?... Vraiment, monsieur, je ne comprends pas la langue que vous parlez, et vos airs tristes menacent de devenir incurables; ce qui m'alarme au dernier point.

RODOLPHE, à part.

Quelle audace et quel sang-froid!

LAVINIA.

Pardon, monsieur, il me semble que vous parlez en aparté, comme dans les comédies. Le monologue est peu convenable quand on est deux.

RODOLPHE.

Madame, j'ai des raisons pour redouter le discours direct; et je sais toujours respecter ce que j'ai longtemps aimé.

LAVINIA.

Prenez garde! quand la familiarité s'est établie dans les relations, trop de respect est une offense...

RODOLPHE.

Madame!

LAVINIA.

Vous voilà retombé dans vos soupçons!...

RODOLPHE.

Madame, je donnerais ma vie pour avoir des soupçons.

LAVINIA.

Vous doutez de moi ?

RODOLPHE.

Je donnerais mon sang pour douter.

LAVINIA.

Très-bien, monsieur ! encore un effort de votre galanterie, et vous serez tout à fait clair. L'offense arrive à l'insulte.

RODOLPHE.

Madame, je n'ai qu'un seul tort.

LAVINIA.

C'est déjà beaucoup.

RODOLPHE.

Je n'aurais pas dû voir... et j'ai vu.

LAVINIA.

Achevez.

RODOLPHE, à part.

Oh ! son audace m'encourage ! (Haut.) Madame, vous n'étiez pas seule dans ce pavillon... Suis-je clair maintenant ?

LAVINIA, feignant la consternation.

Monsieur !...

RODOLPHE, triomphant.

Et vous m'avez éloigné avec une adresse perfide, pour avoir une heure de sécurité ! Vous n'avez pas même voulu attendre à demain ; il vous fallait ma promenade aujourd'hui ! Eh bien, votre insistance a éveillé mes soupçons ; j'ai cru pouvoir me donner le droit de veiller sur mon bonheur, et je me suis délivré de l'incertitude. J'ai vu cette porte, que j'ai toujours respectée, moi, s'ouvrir devant une réalité en frac noir.

LAVINIA, feignant l'embarras.

Êtes-vous bien sûr que vos yeux n'ont pas été dupes d'une illusion ?

RODOLPHE, avec un rire forcé.

D'une illusion !... Un Anglais du Lancastre, un Anglais de haute futaie, une illusion opaque, qui laisse la trace de ses pieds cyclopéens sur les allées du parc !

LAVINIA.

Monsieur de Lucy, savez-vous le nom que la morale donne au métier que vous faites ?

RODOLPHE.

Le noviciat du mariage. Nous sommes associés tous deux pour faire le même métier. Nous usons chacun de notre droit. Vous épiez les regards que je donne à un arbre ; j'épie les rendez-vous que vous donnez à une illusion.

LAVINIA.

Et vous ne redoutez pas les erreurs de votre métier ?

RODOLPHE.

Madame, je vous accompagne dans ce pavillon, si vous voulez bien accepter mon bras.

(Il fait un pas vers le pavillon de Lavinia.)

LAVINIA.

Ainsi, monsieur, vous accordez votre estime, votre confiance, votre affection à une femme, vous la jugez digne de votre nom, et tout à coup vous l'abaissez, par un soupçon injurieux, au rang des plus criminelles; votre cœur ne veut pas donner un démenti à vos yeux, car les yeux se trompent quelquefois, le cœur jamais.

RODOLPHE.

Mon Dieu, madame, il y a des apparences.

LAVINIA.

Ah! voilà le grand mot! je l'attendais : les apparences! Ainsi, monsieur, vous qui faites le noviciat du mariage, vous ne vous attendiez pas à rencontrer des apparences, dans votre longue vie de mari !.. Mais, monsieur, tout ce qui se passe devant nous, à côté de nous, loin de nous, est une succession d'apparences; les villes comme les déserts sont remplis de mirages. Il faut un long examen, un contrôle approfondi pour donner à nos yeux un certificat de bon témoignage... Il y a beaucoup de fantômes qui se lèvent à midi. Et vous, monsieur de Lucy, vous si respectueux, si honorable, si sage, vous brisez votre bonheur, vous outragez une femme, vous trahissez vos devoirs de gentilhomme à la première vision qui trouble vos yeux dans le songe d'un jour d'été! On voit que nous sommes bien loin du galant pays de France, monsieur de Lucy, ou, pour mieux dire, on voit que, malgré nos voyages, nous habitons toujours le grand pays de l'humanité.

RODOLPHE.

Eh bien, madame, faites un miracle; prouvez-moi

clairement que je n'ai pas vu ce que j'ai vu, et je tombe à vos pieds.

LAVINIA, avec un sourire ironique.

Vraiment ! vous auriez cet héroïsme, si je faisais ce miracle ?... Oh ! monsieur de Lucy, j'attends mieux de votre noble délicatesse ; je laisse les miracles à Dieu, et j'exige de l'homme un héroïsme aveugle et gratuit.

RODOLPHE, à demi subjugué.

Madame...

LAVINIA.

Voilà un premier pas en trois syllabes... Avancez toujours...

RODOLPHE.

Oh ! une voix si douce ne peut pas tromper !... (Tombant à ses pieds.) S'il n'y a pas un pardon pour mon offense, ne me relevez plus, madame, je mourrai ici.

LAVINIA.

Relevez-vous !... et que ceci soit la dernière leçon de votre noviciat... Maintenant, entrez dans ce pavillon et apportez-moi ce que la main d'une illusion va vous remettre. (Rodolphe hésite.) Allez...

RODOLPHE.

Vous l'exigez ?...

LAVINIA.

Je vous en prie.

(Rodolphe entre dans le pavillon.)

SCÈNE XX

LAVINIA, seule.

Il croit, il aime. La foi, c'est l'amour.

SCÈNE XXI

VINCENT, LAVINIA.

(Vincent se croise avec Lavinia et recule.)

LAVINIA.

Ah! vous voilà de retour.

VINCENT, embarrassé

Oui, madame, j'ai laissé M. de Lucy en arrière; son cheval est si joyeux de voir le grand air, qu'il a demandé un quart d'heure de plus... Pauvre animal !... (Voyant reparaître M. de Lucy.) Pauvre animal !

SCÈNE XXII

VINCENT, LAVINIA, RODOLPHE, puis CLOTILDE.

RODOLPHE, à Lavinia.

(Il tient un papier à la main.)

Oui, vous vous occupiez de notre avenir... Oui, vous êtes adorable, et, moi, je suis un ingrat.

LAVINIA, à Vincent, consterné.

Vincent, j'espère que ce sera votre dernier mensonge.

VINCENT, confus.

C'était mon premier... (à part) d'aujourd'hui.

LAVINIA.

On vous pardonne... Allez et faites venir Clotilde. (A Rodolphe.) Le passé n'existe plus. Ne nous occupons pas du néant. Comment trouvez-vous mon notaire, M. Gipson ?

RODOLPHE.

C'est un homme charmant, M. Gipson.

LAVINIA.

Il vous a remis ce contrat, qui nous rend propriétaires de ces pavillons.

RODOLPHE.

Oh ! vous êtes plus femme que jamais. Ce notaire écrit comme un ange; voyez quel style de distinction ! (Il lit.) « Une propriété avec ses appartenances, dépendances, provenances, de la contenance de mille arpents. » On n'écrit plus comme cela !

LAVINIA, à Rodolphe.

A propos, j'ai promis une récompense à Clotilde.

RODOLPHE.

Oui, récompensons tout le monde après moi !

LAVINIA.

Je donne Clotilde pour femme à Vincent.

CLOTILDE.

En voilà une de récompense !

VINCENT.

Oh! vous pouvez nous regarder comme mariés!

RODOLPHE, à Vincent.

Je te relève de ton serment.

VINCENT.

Merci, généreux maître. (A part, à Clotilde.) La loi ne défend pas d'épouser deux fois la même femme.

CLOTILDE, à part, à Vincent.

Il devrait même être permis de l'épouser deux fois.

VINCENT, à part.

Et on n'abuserait pas de la permission... On s'arrêterait toujours après la première.

RODOLPHE, à Clotilde et à Vincent.

Tout bien réfléchi, nous vous donnons six mois pour faire l'essai du mariage.

LAVINIA.

Oui, propageons la découverte.

VINCENT.

L'essai est inutile. Ma femme m'épouse avec ses défauts, et je l'épouse avec les miens : le plus riche sera indulgent.

FIN DU THÉATRE DE SALON.

TABLE DES MATIÈRES

Après deux ans... 1
La Coquette.. 31
Aimons notre prochain.. 77
Le Chateau en Espagne... 107
Être présenté... 153
La Grotte d'azur.. 189
Une veuve inconsolable.. 207
L'Essai du mariage.. 293

www.ingramcontent.com/pod-product-compliance
Lightning Source LLC
Chambersburg PA
CBHW060507170426
43199CB00011B/1357